Otto von Alberti

Notwehr heute und in den Volksrechten

Otto von Alberti

Notwehr heute und in den Volksrechten

ISBN/EAN: 9783744655750

Hergestellt in Europa, USA, Kanada, Australien, Japan

Cover: Foto ©Suzi / pixelio.de

Weitere Bücher finden Sie auf **www.hansebooks.com**

Notwehr

heute und in den Volksrechten.

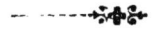

Von

Otto v. Alberti,

Justizreferendär in Stuttgart.

Stuttgart.
Druck und Verlag von W. Kohlhammer.
1898.

Inhaltsverzeichnis.

A. Einleitung.

B. Voraussetzungen und Ausübung der Notwehr.

C. Anhang.

A. Einleitung.

§ 1. Das Thema und seine Fassung.

An sich ist es (vgl. Loening in der Zeitschrift für die gesamte Strafrechtswissenschaft III S. 235 ff., Anm.) unrichtig, wenn man, um ein Rechtsinstitut für einen gewissen vergangenen Zeitraum zu untersuchen, die heutige Definition dieses Rechtsinstitutes, wie es hier geschehen wird, zu Grunde legt. Vielmehr ist es an sich Pflicht, aus den Quellen jener Zeit den damaligen Begriff des Rechtsinstitutes zu finden und von ihm die weitere Behandlung ausgehen zu lassen.

Nun gewährt es aber doch ein ganz besonderes Interesse, ein Rechtsinstitut, so, wie wir es heute haben, in den Rahmen einer vergangenen Zeit des eigenen Vaterlandes zu stellen, um so sehen zu können, ob das Rechtsinstitut damals schon so breit ausgedehnt war[1]), ob es ganz auf des Landes eigenem Boden gewachsen ist, oder ob erst fremde Rechte quantitativ oder qualitativ daran gebildet haben; — und daß die Untersuchung durch Zugrundelegung eines verhältnismäßig so bestimmten juristischen Begriffes, wie derjenige der Notwehr heutzutage ist, immerhin auch an Präzision gewinnen wird, bedarf keiner weiteren Ausführung.

Die Untersuchung ist im vorliegenden Fall um so verlockender, als sie in dieser Fassung und in der zu größerer Detaillierung führenden Beschränkung auf die Zeit der sog. Volksrechte[2]) weder

---

[1]) Im vorliegenden Fall um so interessanter, als in der Litteratur die Ansicht vertreten worden ist, das Notwehrrecht habe keine Geschichte und könne keine haben, f. u. §. 10 Z. 3 Anm. 1.

[2]) Die Bußbücher des 7.—11. Jahrhunderts bleiben außer Betracht, weil sie das staatliche Recht schlechterdings nichts angehen. Dieselben haben auch für das spätere kanonische Recht kein Interesse, vgl. Loening Z. V. 535 ff.

im Ganzen noch monographisch für das deutsche, englische ꝛc. Ge=
biet vorgenommen worden ist.

Giebt es überhaupt nichts Reizvolleres, als in die verschol=
lenen Tage der Urväter sich zurückzuversetzen, so kann das im
Strafrecht nicht leicht an einem schöneren Thema geschehen, als
an dem der Notwehr. Nicht nur, daß es sich um einen Schuld=
ausschließungsgrund handelt: Das reizt die Phantasie, daß lauter
dramatische Scenen hinter den Gesetzesstellen sich bergen, Scenen
voll kraftvoller Bethätigung der eigenen Persönlichkeit oder mut=
vollen Eintretens für den Mitmenschen.

§ 2. Heutiger Rechtsbegriff der Notwehr.

Über diesen Begriff, zu dem dogmatische Bemerkungen im
Folgenden nicht zu umgehen sein werden, vgl. Hugo Meyer,
Lehrbuch des deutschen Strafrechts, 5. Aufl. 1895, S. 275 ff.
Der einschlägige § 53 unseres Reichsstrafgesetzbuchs lautet:

„Eine strafbare Handlung ist nicht vorhanden, wenn die Hand=
lung durch Notwehr geboten war.

Notwehr ist diejenige Verteidigung, welche erforderlich ist,
um einen gegenwärtigen, rechtswidrigen Angriff von sich oder einem
Anderen abzuwenden.

Die Überschreitung der Notwehr ist nicht strafbar, wenn der
Thäter in Bestürzung, Furcht oder Schrecken über die Grenzen
der Verteidigung hinausgegangen ist.“

§ 3. Benützte Ausgaben der Volksrechte (u. Kapitularien ꝛc.).

L. Salica: Hessels, London 1880 (nach der unter Karl
      d. Gr. geschriebenen Emendata).
L. Ribuaria: Mon. Germ. LL. V, 213 ff.
Pactus und L. Alamannorum: eod. sectio I tomi V pars 1
      S. 34 ff., 41 ff. Die Lex nach der Hlothariana
      citiert (codd. B); in Einem Fall, wo dies besonders
      bemerkt ist, nach der Lantfridana.
L. Baiuwariorum: Mon. Germ. LL. tomus III 269 ff.
      (textus legis primus).

L. Wisigothorum: Walter, Corpus iuris germanici anti-
   qui I, 417 ff.

L. Burgundionum (Gundobada) unb L. Rom. Burg.: Mon.
   Germ. LL. sectio I tomi II pars I (1892) S. 497 ff.,
   579 ff.

L. Frisionum: Mon. Germ. LL. III 656 ff.

L. Saxonum: eod. V, 47 ff.

L. Angliorum et Werinorum hoc est Thuringorum: eod. 119 ff.

L. Francorum Chamavorum: eod. 271 ff.

L. Rom. Wisig. unb L. Rom. Curiensis ed. Gustav
   Haenel 1849.

Cap. Remedii: Mon. Germ. LL. V, 181 ff.

Edictum Theoderici: eod. 145 ff.

Edict. Langobardorum: Mon. Germ. LL. IV, 1 ff.

Capitularia regum Franc.: Mon. Germ. LL. sectio II
   tomus I (ed. Boretius).

§ 4. Litteratur.

Unter ben Werken, welche in ben Lehrbüchern bes beutschen
Strafrechts unb ber beutschen Rechtsgeschichte sowie in ben beut=
schen unb französischen Zeitschriften unseres Jahrhunderts bei ber
Lehre von ber Notwehr unb beren Berührungspunkten angegeben
sind, ist, abgesehen von einigen polnischen unb russischen, wohl
kein einziges, bas nicht burch bes Verfassers Hände gegangen
wäre. Doch sollen nur biejenigen Schriften citiert werben, aus
welchen sich für bie vorliegenbe Arbeit Nutzen ergeben hat, ober
benen sie notwenbigerweise wibersprechen muß.

§ 5. Zur ältesten Geschichte bes Notwehrrechts bei ben Germanen.

Es frägt sich, ob bie Wurzel bes Notwehrrechts bei ben Ger=
manen anberer Art ist als bei anberen Völkern, insbesonbere ob
sie aus ber angeblich spezifisch germanischen Frieblosigkeit herrührt.

Man unterscheibet relative Frieblosigkeit (gegenüber einer
Sippe) unb absolute (gegenüber jebermann).

Innerhalb dieser beiden Arten unterscheiden sich die aus=
drücklich angesagte bezw. verhängte und die ohne weiteres ein=
tretende.

Die absolute Frieblosigkeit stempelt sich zu einem dem
germanischen Recht eigentümlichen Institut höchstens insoweit, als
sie, wie das Fehberecht, in die Zukunft hinein wirkt (was ja in
der That bei beiden das Wesentliche ist); die Frieblosigkeit auf
handhafter That ist materiell nicht als etwas spezifisch Germani=
sches anzusehen, demzulieb man die Wurzel des germanischen Not=
wehrrechts der Art nach von derjenigen bei anderen Völkern unter=
scheiden dürfte. Jene absolute Frieblosigkeit, die nach der That
besteht, hat, wie einleuchtet, mit der Begründung des Notwehr=
rechts nichts zu schaffen; sie spielt nur nebensächlich, wie unten
zu zeigen, in die Dogmatik des Notwehrrechts herein.

So bleibt die Frage übrig, ob die relative Frieblosigkeit
bei den Germanen die Wurzel des Notwehrrechts sei.

Innerhalb des Geschlechts herrscht ein besonderer Friede, der
unter den Sippegenossen jede „Fehde" ausschließt. Nun bildet
aber die Sippe in der ältesten Zeit eine agrarische Genossenschaft,
und gerade in einem solchen nachbarlichen Kreise läßt sich ein
Notwehrfall leicht denken. Wenn nun das Notwehrrecht mit dem
Fehberecht integrierend zusammenhinge, so hätte der angegriffene
Sippegenosse nach dem oben Gesagten kein Recht, sich zu ver=
teibigen. Daß aber das Notwehrrecht auch den allernächsten Ver=
wanbten (sogar dem bisziplinbegabten Hausvater) gegenüber be=
steht, barüber vgl. L. Wisig. lib. VI tit. V, XIX: Si a pro-
ximo sanguinis casu proximus occidatur. — Si pater filium,
aut mater filiam, aut filius patrem, aut frater fratrem, aut
quemlibet sibi propinquum, gravibus coactus iniuriis, aut dum
repugnat, occidit; et hoc idoneis testibus, quibus merito fides
possit adhiberi, apud iudicem potuerit approbare, quod parri-
cidium, dum propriam vitam tuetur, admiserit, securus abs-
cedat, nec ullum vitae periculum, aut dispendia facultatem,
vel tormenta formidet, illa discretione servata, quae in cunctis
casibus est de homicidiis constituta.

Die Stelle zeigt auch, daß die (nicht fehdebefähigen) Weiber das Recht der Notwehr haben.

Auch ein allgemeines Nothilferecht Dritter, für dessen Existenz unten Belege werden erbracht werden, wäre ausgeschlossen, wenn das Fehderecht die Voraussetzung der Notwehr wäre. Allerdings sagt Brunner (Deutsche Rechtsgeschichte, 1887—1892) I, 158, die Fehde sei ein Krieg zwischen zwei feindlichen Sippen, „dessen Ausgang die Gesamtheit der unbeteiligten Volksgenossen mit verschränkten Armen abwartet." Aber dies trifft eben, wie unten zu zeigen, nur zu für den weiteren, den Rache-Verlauf, nicht für den gegenwärtigen rechtswidrigen Angriff.

Außerdem ist zu bedenken, daß auch Unfreien, und zwar keineswegs bloß unter sich, das Recht der Notwehr zusteht (vgl. die später anzuführende L. Wisig. lib. VI. tit. V, VII), wiewohl sie kein Fehderecht haben.

So fällt es denn auf, wenn Brunner (vgl. auch Fioretti e Zerboglio, su la legittima difesa, Torino 1894, S. 23 f.) im Erfolg an Fichte und Zöpfl anklingend, die Tötung aus Notwehr in sofort zu zeigender Weise unter dem Kapitel der Friedlosigkeit behandelt, nachdem doch schon Seeger (in seinen „Abhandlungen" Bd. II, 1858: „Bemerkungen über die Grundansichten des römischen und deutschen Rechtes von der Notwehr, insbesondere über das Verhältnis der letzteren zur Selbsthilfe im Allgemeinen", § 3) das Notwehrrecht auf das Selbsthilferecht überhaupt radiziert hatte. Nach Brunner I, 158 entsteht ein Notwehrrecht dadurch, daß entweder gleichzeitig Fehderecht oder gleichzeitig absolute Friedlosigkeit entsteht.

Ganz einfach und bei allen Völkern bedeutet vielmehr jeder Friedensbruch, jede aktive Friedlosigkeit die (bloß dem Maß nach, f. u., relative) passive Friedlosigkeit gegenüber jedermann, — nur daß der Sippe des Verletzten gegenüber die Friedlosigkeit auch in die Zukunft hinein besteht, während sie Dritten gegenüber auf die Zeit des gegenwärtigen Angriffs sich beschränkt, wofern nicht der (äußerst seltene) Fall einer eo ipso eintretenden absoluten, dauernden Friedlosigkeit vorliegt.

Gewiß ist es nicht ausgeschlossen, daß relative, absolute und jene augenblickliche Frieblosigkeit, die bei allen Völkern die Grund=lage des Notwehrrechts bildet, in einzelnen konkreten Fällen ideal zusammentreffen können. Es kann sogar gesagt werden, daß das Notwehrrecht zu Gunsten der eigenen Person in der ältesten Zeit, solange das Fehberecht nicht beschränkt war, mit diesem meistens zusammenfiel (vgl. die oben erwähnten Ausnahmen); aber dies ändert nichts an dem gewonnenen Ergebnis.

Jene augenblickliche Frieblosigkeit ist sozusagen die eine Seite der Medaille, deren Kehrseite die berechtigte Selbsthilfe ist. Vgl. des weiteren **S e e g e r** cit. § 3.

§ 6. Die Notwehr in den Volksrechten im allgemeinen.

Über das Verhältnis der Volksrechte zu einander s. **B r u n=n e r** I, 254 ff. Die germanischen Rechte haben eine durchaus gleichartige Grundlage und haben auch in ihrer Weiterentwicklung die gegenseitige Fühlung nicht verloren; daher darf das unten zu entrollende Bild des Notwehrrechts als ein sie alle (wenn überhaupt) treffendes bezeichnet werden. Vgl. **S e e g e r** S. 186 unten.

Z ö p f l (Neues Archiv 1842, S. 319), dem im allgemeinen **M i t t e r m a i e r** beigetreten ist, der aber schon längst durch **K ö s t=l i n**, **B e r n e r**, **L e v i t a**, **S e e g e r** widerlegt wurde, hatte be=kanntlich das Notwehrrecht für die Germanen geleugnet. Um nun gleich von vornherein über die Existenz des Notwehrrechts in den Volksrechten einen Überblick zu geben, führe ich schon hier die folgenden Stellen an, auf welche ich später nur verweise.

L. Rib. tit. LXXVII. De homine furbattudo. Si quis hominem super rebus suis comprehenderit, et eum ligare voluerit, aut super uxorem, seu super filiam, vel his simi-libus, et non praevaluerit ligare, sed colpus ei excesserit, et eum interfecerit, coram testibus in quadruvio in clida eum levare debet, et sic quadraginta seu quattuordecim noctes custodire, et tunc ante iudicem in baraho coniuret, quod eum de vita forfactum interfecisset. Sin autem ista non adimpleverit, homicidii culpabilis indicetur. Aut si negaverit, cum legitimo numero iuret, quod hoc non fecisset.

Von dem hier aufgestellten Erfordernis der Verlautbarung, welches im ganzen germanischen Rechtsgebiet sich finbet, soll in dieser Abhandlung nicht näher die Rede sein. Daß es nur ein prozessuales Erfordernis ist, welches prinzipiell das Notwehrrecht nicht in Frage stellt, ist klar. Vgl. hierüber Seeger S. 205 f. L. Alam. Lantfridana XCVIII: Si quis res alienas aut ecclesiae malo ordine pervaserit, qui facienti violentia repugnaverit, nullum crimen admittat, quia non facit violentia qui repellit quia sua contradicit. L. Wisig. lib. VI tit. IV, VI: Ne sit reus qui percutere volentem ante percusserit. Non est putanda resistentis improbitas, ubi violenter conspicitur praesumentis audacia. Quicunque ergo incaute praesumptuosus, fuste vel gladio seu quocunque ictu, percutere aliquem iratus voluerit, vel percusserit, et tunc idem praesumptor ab eo, quem percutere voluit, ita fuerit percussus, ut moriatur, talis mors pro homicidio computari non poterit, ne calumniam patiatur qui praesumentem percusserit. Quia commodius erit irato viventem resistere, quam se post obitum ulciscendum relinquere. (Seeger a. a. O. S. 183 weist nach, daß der Verfasser dieser Stelle ein römisches Gesetz — C. Theod. IX, 14, 1. 2 Cod. Just. 3,27 — vor Augen hatte). Ille sane, qui prior contra quemlibet iratus eduxerit gladium, quamlibet non percusserit, X tamen solidos ei, quem percutere voluit, pro praesumtione sola dare cogendus est.

L. Burg. tit. L, I: „ . . . idcirco iubemus, ut si quis tam Burgundio quam Romanus ingenuus, actorem possessionis nostrae non manifesta necessitate compulsus occiderit . . ". Eod. XXIX, II: Quod si superventum inferens ab his quos latrocinio suo crediderat expetendos fuerit interfectus, nulla interfectoribus ab occisi dominis aut parentibus moveatur ex hac parte causatio.

L. Rom. Burg. tit. II De homicidiis, 2: Si vero homicidium casu vel vitandae mortis causa forte dicatur admissum,

ad principis notitiam per relationem iudicis est referendum,
et eius sententia expectanda, secundum legem ex corpore
novellarum Theudosii et Valentiniani ad Maximum patricium
datum.

L. Rom. Wisig., Cod. Theod. liber IX, tit. VII. Ad legem
Juliam de vi publica et privata: . . . Convictusque in iu-
dicio de evidenti violentiae crimine capite puniatur. Si homi-
cidia ab utraque parte commissa fuerint, in illum vindicetur,
qui ut alium per caedem expelleret, violenter aggressus est,
et ante omnia iudex requirere debet, quis ad quem venerit.
— Si quis adversarium suum ita apud iudicem crediderit
accusandum, ut se asserat violentiam pertulisse, ad proba-
tionem rei cum convenit attineri. Quod si probare non potuerit, quod dixerit, eandem poenam suscipiat, quam ille, quem
impetiit, convictus potuisset excipere. — Eod. Novellarum
Val. III, tit. III: Si quis ad principem confugerit et casu vel
vitandae mortis necessitate se homicidium fecisse sugges-
serit, et per supplicationem veniam impetraverit, si certa
fuerit suggestio, veniam mereatur obtentam . . .

L. Rom. Curiensis (Epitome S. Galli) VII hat benſelben
Inhalt wie L. Rom. Wisig. lib. IX, tit. VII.

Cap. Remedii, De homicidio: Si casu quis per rixa aut
per aliqua contentione, quod de ante habuerunt, pars alterum
occiderit, causa rei inquiratur a iudicibus et secundum culpa
emendetur.

Ed. Theod. regis 15: Qui percussorem ad se venientem
ferro repulerit, non habetur homicida: quia defensor propriae
salutis videtur in nullo peccasse. — 16: Qui ad possessionem
alienam violentus advenerit cum multitudine congregata, si
aut ipse, aut aliquis ex eodem numero, casu, dum repellitur
violentia, occisus fuerit, is, qui per necessitatem hoc fecit,
a metu poenae liber habeatur.

Das Recht der Notwehr ſcheint, bem erſten Blick nach, zu
verneinen Ed. Langob., Liutprandi leges de anno IX (p. Chr.
721) 20, II, beſtätigt burch l. IX Luitpr. leg. de anno XII

(p. Chr. 724). Erstere Stelle lautet folgendermaßen: De homicidium. Si qnis liber homo se defendendum liberum hominem occiderit, et si provatum fuerit, quod se defendendum ipsum hominem occisessit, sic eum componat, sicut in anteriore Edicto contenit, quod gloriose memorie Rothari rex facere visus est. Nam qui super alium ambolaverit, et sic eum pro quacumque caussa occiserit, omnem substantiam suam amittat, et habeant heredes ipsius qui occisus fuerit in hoc ordine . . .

Seeger a. a. O. S. 196 f. urteilt über die Stelle, wie folgt: „Allerdings ist hier unter se defendere ganz gewiß die gewaltsame Zurückweisung eines widerrechtlichen Angriffs gemeint; allein nirgends ist gesagt, daß hier zur Vereitelung des Angriffs gerade eine solche Gewalt notwendig gewesen, daß die Tötung also in rechter Notwehr geschehen sei." Vgl. ferner Seeger S. 367; Osenbrüggen, Strafrecht der Langobarden 1863, S. 66 ff.; Brunner II, S. 630 f. Anderer Meinung Zöpfl, Deutsche Rechtsgeschichte, 4. Aufl. 1871/72, Bd. III S. 388. Letzteren könnte die Erwägung stützen, man habe infolge der Ermordung von Rotharis Sohn Roboald seitens eines schwer beleibigten Langobarden strengere Saiten aufgezogen. Die Stelle würde gut auf diesen Thatbestand passen. Man könnte ferner — auch dann würde das ambolare und die ganze Satzkonstruktion verständlicher sein — die Stelle auf die defensio propriae salutis im „Notstand" beziehen, s. u. § 10 Z. 3 b, δ.

— Vgl. ferner bezüglich des Erlaubtseins der Notwehr die decretio Childeberti II von 596 cap. 5 (. . . ausu temorario . . . sine causa occiderit), Mon. Germ. LL. II S. 15, ferner eod. sectio V F. die Form. Tur. n. 30. 31 S. 152 f., Cart. Sen. n. 17 S. 191, und weitere, unten anzuführende Stellen aus den Volksrechten.

B. Voraussetzungen und Ausübung der Notwehr.

§ 7. Verteidigung.

I. Subjekt und Ausführung der Verteidigung.

1. Voraussetzung der Notwehr ist, daß gegen einen gegen=
wärtigen, rechtswidrigen Angriff (s. u.) die Möglichkeit einer Ver=
teidigung (Notwehr — Nothilfe) gegeben ist.

2. Notwehr durch Personengesamtheiten als solche giebt es
nicht. Daß auch durch Unzurechnungsfähige, bezw. zu deren Gunsten,
Notwehr ausgeübt werden kann, interessiert weiter nicht.

3. Eine Verteidigung, welche ohne Gewalt vor sich geht,
interessiert strafrechtlich nicht. Wenn z. B. der Nothelfer einen
Geldbeutel hinwirft, um, und mit dem Erfolg, den Angreifer
dadurch aufhören zu machen, so interessiert dies nur zivilrechtlich.
Nur die positive Umkehrung der Nötigung (240 St.G.B.) inter=
essiert hier.

4. Es erübrigt sich, von der rein befensiven Verteidigung
(dem Auffangen des Schlages rc.) zu handeln, da diese Abwehr
des Erfolges kein Delikt enthalten kann.

5. Die Ausübung der Notwehr, dieses Teils des Selbsthilfe=
rechts, geschieht im übrigen durch alle Mittel, welche die Selbst=
hilfe i. w. S. barbietet, aber sie, wie die Benützung des Not=
stands, wendet gegebenenfalls die schärfsten Mittel an, wie sie
sonst für das Selbsthilferecht abzüglich des Rechts aus Notwehr
und Notstand nicht in Betracht kommen. Notwehr und Nothilfe
bürfen also, wenn nur ihre Voraussetzungen vorliegen, auf jede
Weise, auch durch Unterlassung, auch aus dem Hinterhalt vor=
genommen werden. Hier heiligt, innerhalb der Grenzen des Erforder=

lichen, der Zweck das Mittel (anders bei den Juden, 5. Mose 25, 11 und 12).

6. Die beste Parade ist, sagt Bismarck, der Hieb, und derselben Erkenntnis trug das Recht von jeher Rechnung, um so mehr, als es Fälle giebt, in denen nur Offensivverteibigung[1]) zum Ziel führen kann (z. B. heutzutage gegenüber dem Versuch einer Explosionsverursachung).

Daß die Volksrechte, was übrigens geschichtlich selbstverständlich ist, Verteidigung durch Angriff zulassen, möge durch folgende Stellen belegt werden: L. Wisig. lib. VI, tit. IV, II: Si quis evaginato gladio, vel quolibet genero armorum munitus, praesumptivo modo in domum alienam intraverit, cupiens dominum domus occidere, si ipse fuerit occisus, mors eius nullatenus requiratur . . . Außerdem die Überschrift von eod. VI: Ne sit reus, qui percutere volentem ante percusserit. Ferner Ed. Theod. 15: Qui percussorem ad se venientem ferro repulerit, non habetur homicida: quia defensor propriae salutis videtur in nullo peccasse. Ferner ist hier in Betracht zu ziehen, wenn er auch nur von Verteibigung gegen Tiere handelt, der Titel Ed. Roth. 330: Si quis se vindicandum occiderit canem alienum, id est cum spata, aut cum qualibet arma mano tenendo, non ei requiratur, tantum est, ut ipsa virga tales inveniatur esse, ut mediocris spata. Nam si post ipsum iactaverit, et eum occiderit, reddat ferquido, it est similem. Das Verbot, mit der Wurfwaffe, also offensiv, par distance, sich zu verteibigen, bezieht sich zweifelsohne nur auf Notwehr gegen Geschöpfe, welche ihrerseits eine Wurfwaffe nicht schleudern können. — Erwähnt muß die Möglichkeit werden, daß die oben angeführte Langobardische Stelle gerade die Offensivverteibigung ausschließen wollte.

---

[1]) Nothilfe kann meist nur durch angriffsweise Verteibigung geschehen. — Da alle Angriffsmittel auch für die Verteidigung in Betracht kommen, können alle Handlungen, gegen welche es Notwehr giebt, auch durch Notwehr entschuldigt sein. Doch überragen die Notwehrmittel, wie von selbst einleuchtet, die Angriffsmittel quantitativ.

7. Die Offensioverteidigung gegen einen zufälligen oder (bei Collision von Rechten) gegen einen rechtmäßigen Angriff ist hier (s. unten § 10) nicht zu erörtern, sondern nur die Verteidigung gegen einen absichtlichen rechtswidrigen Angriff.

8. Ebenso berechtigt wie persönlicher Kampf ist die Anwendung von Vorsichtsmaßregeln wie Fußangeln u. dgl.[1] (Hofhund).

9. Im Begriff „erforderlich" dürfte liegen, daß das Verteidigungsmittel an sich geeignet sein müsse, den Angriff abzuwehren. Denn ein ungeeignetes Verteidigungsmittel ist nie erforderlich (s. u. § 12).

10. Wenn der Verteidiger in der ihm unbewußten oder gleichgültigen Notwehrlage aus böser Absicht oder fahrlässig den Angreifer verletzt, und zwar durch diejenige Thätigkeit, welche erforderlich ist, um den gegenwärtigen rechtswidrigen Angriff abzuwehren, so ist er nach Ansicht mancher straffrei. Natürlich kann aber dieser Anschauung eben der § 53, auf den sie sich stützt, entgegengehalten werden. Was in dem erwähnten Fall geschieht, wirkt nur, wie die Verteidigung wirken würde. Und die Volksrechte haben sicherlich Kausalzusammenhang zwischen Verteidigung und Angriff im Sinne der Notwehrlage verlangt (repugnare, resistere, necessitate compulsus, vitandae mortis causa, ad se defendendum etc).

11. Bei Ausübung der Notwehr darf ohne kriminellen oder polizeilichen Nachteil für den Verteidiger jedes Gut eines Dritten, jede positive Norm verletzt werden, wenn (s. § 11) die Notlage zu der Verletzung drängt.

12. Zur Charakterisierung der Nothilfe[2] ist daran zu er-

---

[1]) Seit der Zeit der Volksrechte ist angesichts der wachsenden Technik der rasch wirkenden Angriffsmittel die Offensioverteidigung von erhöhter Bedeutung geworden, und die Verteidigung durch vorsorglich angelegte Schutzmittel spielt trotz ihrer Gefahr fahrlässiger Verletzungen bei der täglichen Verbesserung solcher Mittel jetzt natürlich ebenfalls eine größere Rolle, als in der altgermanischen Zeit mit ihren Fanggruben.

[2]) Das Subjekt der Verteidigung in Nothilfe kann und konnte hiezu im voraus, speziell oder generell, angestiftet bezw. angestellt sein. — Es ist, und war in den Volksrechten (s. die Stellen § 12, II), nicht nur mit dem Angegriffenen, sondern auch statt desselben die Verteidigung in Notwehr zulässig.

innern, daß die Nothilfe gegen einen rechtswidrigen Angriff im allgemeinen[1]) die Bezeigung solidarischen Rechtsstandpunkts ist; sie bedeutet ferner nicht nur die Verteidigung des Angegriffenen, sondern auch der Interessen seiner Angehörigen 2c. Über den juristischen Charakter vgl. Jellinek, System der subjektiven öffentlichen Rechte, 1892, S. 235.

Die Teilnahme an der Notwehr eines Anderen — man denkt im allgemeinen hier, was aber nicht notwendig ist, immer an die Form der Mitthäterschaft — ist in den Volksrechten (s. u. § 12, II) wie heute nicht nur deshalb straflos, weil sie keine Teilnahme an einem Delikt ist, sondern laut positiver Bestimmung[2]).

II. Über den Gegenstand der Verteidigung s. u.

§ 8. Angriff (Subjekt und Ausführung desselben).

1. Das Wort Notwehr besagt, worauf es ankommt: Nicht darauf, daß dem Angriff rechtlich anerkannte Handlungsfähigkeit

---

[1]) Die Gründe, warum Nothilfe geleistet wird (moralische — egoistische Gründe), und ebenso die, warum solche häufiger nicht geleistet wird (Untauglichkeit — unmoralische Gründe), sind übrigens äußerst mannigfaltig und interessieren hier, vorbehältlich von unten zu Sagendem, weiter nicht; unter den Fällen, wo Nothilfe unterlassen wird, weil man aus dem Gelingen des Angriffs einen Nutzen zieht, ist, nebenbei gesagt, mancher, in dem man fast eine Strafmöglichkeit wünschte.

Ob der Anlaß zur Nothilfe durch den Nothelfer verschuldet ist, indem letzterer z. B. (bei der Sachennotwehr) den Raum nicht verschloß, in welchem ihm Anvertrautes sich befindet, oder indem er gar zum Angriff anstiftete — dann ist die Nothilfe thätige Reue —, ist selbstverständlich gleichgültig.

[2]) Eine äußerst empfindliche Beschneidung erlangt, wie das Notwehrrecht sonst, so das Nothilferecht durch die geltende Bestimmung über den Raufhandel (St.G.B. 227: „falls er nicht ohne sein Verschulden hineingezogen worden ist"). Während der Staat durch Auszeichnungen zur Nothilfe in elementarer Gefahr erzieht, hat er mit dieser Bestimmung alles gethan, um Zweifel an dem hier in Betracht stehenden Nothilferecht zu säen, während doch die Erziehung dazu, für den rechtswidrig angegriffenen Mitmenschen das Leben einzusetzen, eines der wichtigeren Mittel der Erziehung zum Recht, und darum einer ähnlichen Pflege würdig wäre.

des Angreifers zu Grunde liegt, ſondern darauf, daß die Er=
haltung des Rechts durchgeführt wird gegenüber einer Veran=
ſtaltung, welche die übrigen Vorausſetzungen der Notwehr ſchafft.
Es iſt (Seeger S. 401 § 38 a. E., anderer Meinung Meyer 278,
vgl. auch Kohler, Shakeſpeare vor dem Forum der Juris=
prudenz 1883, S. 205 Anm. 3) für die Berechtigung der Not=
wehr gleichgültig, wenn der Angriff von einem Menſchen ausgeht,
der wegen jugendlichen Alters, wegen Taubſtummheit, wegen
Geiſteskrankheit, wegen Trunkenheit ꝛc. rechtlich für unzurechnungs=
fähig gilt, mag der Unzurechnungsfähige aus eigenem Antrieb oder
als willenloſes Werkzeug von Zurechnungsfähigen thätig ſein. Ob
der Angreifer infolge von Fahrläſſigkeit oder überhaupt unzu=
rechnungsfähig iſt, iſt ebenfalls gleichgültig. Hat aber die Ver=
anſtaltung des Unzurechnungsfähigen keine beſtimmte Angriffs=
richtung, beſteht ſie vielmehr nur in ſonſtigen gefährlichen Arbeiten,
ſo liegt Notſtand vor.

Der Angriff kann ſogar in unwillkürlichen (Reflex=)Beweg=
ungen beſtehen. (Die Volksrechte ſprechen ſogar von Notwehr
gegen Tiere.) Daß aber die Fälle zufälligen Angriffs uns hier
nicht weiter intereſſieren ſollen, wurde oben bemerkt.

2. Es iſt auch gleichgültig, ob der Vorſatz des zurechnungs=
fähigen Angreifers überlegt oder nicht überlegt, böswillig oder mut=
willig, beſtimmt, eventuell oder generell, oder aus einem Rechts=
irrtum entſprungen, ob der vorſätzliche Angriff (z. B. auf Sachen)
ein gewollt heimlicher oder gewollt offener iſt, ob er von ſeiten
des Angegriffenen verſchuldet oder auch nur von ihm vorhergeſehen
war. Ob das Rechtsgut etwa infolge eines error in obiecto
ſeitens des Angreifers in Gefahr kommt, oder durch aberratio
ictus, oder durch unechten dolus generalis, iſt gleichgültig; ebenſo,
ob der Angreifer die Gefahr durch das Setzen einer poſitiven
oder durch Hinwegnahme einer negativen Bedingung des Erfolges
(z. B. durch das Wegnehmen=Wollen einer Schutzwehr) herbeiführt,
ferner, ob der Angriff durch phyſiſche oder geiſtige Einwirkung
(Hypnoſe — Beleidigung — Anſtiftung eines dritten Angreifers)
verübt wird.

Mittelbar kann der Angriff in verschiedenem Sinne sein; man kann z. B. einer Person ein Beweismittel (s. etwa Brunner I, 160 Anm. 21) entziehen wollen, durch das ihre persönliche Sicherheit bedingt ist. — [1])

---

[1]) Als nützliches Hilfsmittel zur sicheren Durchführung der Notwehrlehre erscheint es, letzterer die Lehre vom Versuch bewußt dienstbar zu machen. Denn was ist die Notwehr anderes als die Beschränkung der schadendrohenden Handlung eines Anderen auf untauglichen Versuch, bezw. das Analogon desselben auf dem Gebiet der Fahrlässigkeit und des Zufalls? Stets wird in der Notwehrlitteratur mit dem Begriff „Angriff" gearbeitet; das Wort „Versuch" fiel nur selten und nur zufällig.

Ob man nicht umgekehrt als allgemeine Definition des Versuches die Bezeichnung als gegenwärtiger Angriff annehmen soll, ist eine Frage für sich — vgl. Merkel, Z. 1881 S. 579, und Baumgarten, Versuch, 1878, S. 387, dagegen Meyer 207, Anm. 19 —; für uns kommt es hier nur darauf an, daß das Wort Versuch ein reich erörtertes, wissenschaftlich wertvolles ist.

a) Es giebt selbstverständlich Delikte, bei denen kein Versuch und kein Analogon desselben möglich, infolgedessen aus thatsächlichem Grunde kein Notwehrfall denkbar ist (z. B. verschuldete Unterstützungsbedürftigkeit, Obdachlosigkeit, Arbeitsscheu).

b) Bei manchen Delikten ist zwar ein Versuch, aber, aus faktischen Gründen, kein Notwehrfall denkbar (z. B. bei Meineid oder nach H.G.B. 249—249 s.).

c) Daran, in allen Fällen, wo Notwehr zu gestatten ist, den Versuch unter Strafe zu stellen, kann der Gesetzgeber durch strafsparende Erwägungen verhindert werden. Zu bemerken ist aber, daß unter den Vergehen, bei welchen der Versuch strafbar ist, überall diejenigen der Körper- und der Eigentumsverletzung überwiegen (unbeschadet der Straflosigkeit des Versuchs der einfachen Körperverletzung).

Aus der Unabhängigkeit des Notwehrrechts von der Eigenschaft des betreffenden Versuchs als Delikt folgt z. B., daß Notwehr bei Angriffen auf Güter nicht nur in dem engen Rahmen, welchen der heutige Begriff der Sachbeschädigung der Bestrafung setzt, in Frage kommt; vielmehr war und ist Notwehr auch gegenüber dem Versuch, einen Gegenstand in den Abgrund zu werfen, zulässig, auch wenn es sich dabei nicht um den Versuch einer mittelbaren Sachbeschädigung handelt.

d) Andererseits genügt die Strafbarkeit des Versuchs, um die Rechtmäßigkeit der Notwehr zu erzeugen.

3. Ein Vergleich der gesetzlichen Thatbestände zeigt, wenn es überhaupt solchen Hinweises bedürfte, daß die Delinquenten in der „Kultur" des Verbrechens ihre Angriffe, namentlich die=jenigen auf das Vermögen, seit der Zeit der Volksrechte, und zwar offenbar mit dem bewußten Bestreben, so verfeinert haben, daß es aus thatsächlichen Gründen gegen die wenigsten mehr eine Notwehr giebt. Diese Tendenz der Vermehrung körperlicher und geistiger, örtlicher und zeitlicher Fernwirkung ist bekanntlich noch nicht erschöpft.

§ 9. Das Erfordernis der Gegenwärtigkeit des Angriffs.

Die vorliegende Abhandlung behandelt gerade diejenige Zeit, in welcher im germanischen Recht, durch die, etwa im Jahre 500 beginnende, Einführung des Postulats „gegenwärtig" in den größten Teil des Selbsthilferechts, das Notwehrrecht erst allge=mein fixiert wurde (nicht: „entstand"). Diese zeitliche Beschränkung des meisten Selbsthilferechts ist, nebenbei gesagt, von einschnei=bender Bedeutung für die Geschichte des subjektiven und objektiven Strafrechts in Bezug auf die Vergehen der Einzelnen als solcher gegeneinander, des Strafprozesses (Ende der Lynchjustiz), des Zivilprozesses, der bis dahin durch das Selbsthilferecht fast ent=behrlich war, und des Besitzrechts, sowie für die Frage, ob die

---

e) Ob der Versuch beendigt ist oder nicht (Meyer 216), ist unerheblich.

f) Gegen Handlungen aber, die nie über das Stadium des Versuchs hinausgehen können, giebt es, wovon in § 11 zu handeln sein wird, kein Recht der Notwehr, also nicht gegen den Versuch mit untauglichen Mitteln oder am untauglichen Gegenstand.

g) Kommt es thatsächlich dem Angreifer in gewissem Sinne zu gut, wenn die Notwehr glückt, sein Thun also auf den Versuch und dessen ge=ringere Strafbarkeit beschränkt wird, so ist andererseits (nebenbei gesagt) der Umstand, daß der Angriff durch Notwehr zurückgewiesen wurde, einer der=jenigen, welche dem Angreifer und seinen Teilnehmern den Vorteil des § 46 St.G.B.s (infolge des Abs. 1 dieses §) entziehen.

h) Der bisher bestrittene Begriff der Gegenwärtigkeit des Angriffs (s. u.) kann ohne Einführung des Versuchsbegriffes nicht geklärt werden.

Volksrechte im wesentlichen für Aufzeichnungen schon bestehender Stammesrechte zu halten seien [1]).

Die Durchführung des Postulates „gegenwärtig" in den Volksrechten ist schon aus den bisher verwandten Stellen ersichtlich. Dazu sei noch als passender Beleg angeführt (vorbehältlich der weiter unten, bei anderer Gelegenheit, anzuführenden Stellen) L. Sal. XXXIX: . . . Quod si ille qui per uestigium sequitur, quod se agnoscere dicit, illo alio reclamante, per tertiam manum adhramire noluerit, nec solem secundum legem calcauerit, sed ei uiolenter quod se agnoscere dicit, tulisse conuincitur MCC din. qui fac. sol. XXX culp. iud. Besonders zu beachten ist das „dum insequitur" in tit. II, II L. Burg. (unt. § 11).

Die Gegenwärtigkeit (s. über diesen Begriff Wendt, Das Faustrecht oder Besitzverteidigung und Besitzverfolgung, in den Jahrbüchern für die Dogmatik des heutigen römischen und deutschen Privatrechts, 1883, S. 114 ff.) dauert solange wie der Versuch, bezw. sein oben erwähntes Analogon.

§ 10. Rechtswidrigkeit des Angriffs.

1. Während die Requisite „Verteidigung", „Angriff", „gegenwärtig", „erforderlich" (über letzteren Begriff s. u.) mehr logische,

---

[1]) Aber auch für Anderes. Z. B. begünstigte nicht leicht etwas so sehr das Aufkommen des Verbrechertums, als die Einführung der öffentlichen Strafe, soweit sie mit Einführung jenes Postulates an die Stelle der Selbsthilfe, insbesondere der Fehde, trat. Vorher die Rache, die mit tödlicher Sicherheit kam und nicht aufhörte, bis sie gesättigt war, jetzt die Gelegenheit, ins Asyl oder sonst zu entfliehen, durch Verwischen der Spuren und durch Lügen das Gericht dritter Personen zu täuschen, kurz, die Ungewißheit der Verurteilung, ferner die Gewißheit, in den meisten Fällen mit Geldstrafe wegzukommen, — dazu noch die Sündenvergebung der Kirche und jener Mißbrauch der öffentlichen Strafgewalt, für den neue Keime durch Einführung des neuen Rechts gelegt wurden (in den Volksrechten selbst vgl. z. B. die unten zu cit. L. Bainw. tit. II cap. 8) und der in so unglaublich kurzer Zeit die guten sozialen Verhältnisse bei den Germanen ins Gegenteil zu verkehren half: Kurzum, für das Verbrechertum war, paradox ausgedrückt, die goldene Morgenröte in Gestalt der Ausdehnung der öffentlichen Strafe aufgegangen. Vgl. hiezu noch Wendt, Faustrecht S. 59 ff.

2

durch das Wesen der Not bedingte, sind, ist das Requisit der Rechts=
widrigkeit ein ethisches und juristisches. Daß der Begriff „rechts=
widrig" bei der Notwehr nicht so gemeint ist, daß der Versuch
strafbar sein müsse, wurde schon oben betont.

2. Im Zusammenhang des S. 15 A. 1, c angedeuteten Satzes
übrigens, daß Notwehrrecht und Strafrecht durchaus überein=
stimmen müßten, wenn nicht strafsparende Rücksichten vorlägen, ist
zu bemerken, daß, abgesehen von dem nur für den Fall etwaiger
Rechtskollision zwischen Angriff und Verteidigung in Betracht
kommenden Selbsthilferecht, einschließlich des Notstandes, alle
Schuldausschließungsgründe sich, wie als Selbstbeschränkungen des
Strafrechts, so als Beschränkungen darstellen, welche das Not=
wehrrecht stufenweise mit der heranwachsenden staatlichen Ordnung
erfahren hat, so daß die Geschichte der Schuldausschließungs=
gründe (abgesehen vom Selbsthilferecht), von denen die amtliche
Befugnis, die öffentliche Dienstpflicht, die staatsbürgerliche Be=
fugnis, zum Teil auch das Züchtigungs= und Disziplinarrecht
verhältnismäßig jung sind, einen Teil der Geschichte des Not=
wehrrechts bedeutet.

3. Da demnach, wie nach Verschiedenheit des Zivilrechts,
die Frage sich in verschiedenen Zeiten verschieden[1]) beantwortet,
welche Angriffe widerrechtlich sind, ist bezüglich der Volksrechte
Folgendes zu bemerken:

a) Es waren nicht nur auf dem Boden eines und desselben
Rechts Kollisionsfälle möglich, sondern das Personalitätsprinzip
(s. u.) mußte solche Fälle in Menge erzeugen.

---

[1]) Schon diesen Umstand übersieht Geib, Lehrbuch des deutschen Straf=
rechts, 1862, II S. 228, wenn er behauptet, das Notwehrrecht habe keine
Geschichte und könne keine haben. Gegen ihn s. Meyer, Gerichtssaal 1881
S. 35. Vgl. auch Pernice, Labeo, 1873, II, S. 21 ff.; Kohler, Chine=
sisches Strafrecht 1886, S. 15; Zeitschr. für vergl. Rechtsw. X, 391. Auch
die vorliegende Abhandlung soll ein gewisses Material gegen Geibs Ansicht
liefern. An dieser Stelle sei gelegentlich bemerkt, daß auch über das Er=
forderlichsein der Notwehr im einzelnen Fall, z. B. gegenüber von einem
Versuch durch abergläubische Mittel, in verschiedenen Zeiten die Rechtsan=
schauung verschieden sein kann.

Während nun heutzutage der Egoismus Trumpf ist, die selbstverständliche, unbegrenzte Verteidigung des eigenen auch auf Kosten fremden Rechts, fiel damals zu Gunsten der Wiederherstellung des fremden, gestörten Rechts der Umstand der Kollision nur mildernd ins Gewicht. Vgl. L. Burg. tit. XVIII De iuflictis vulneribus: Ceterum si quicunque in rem suam violenter resistens, haec, quae dicta sunt, ex necessitate commiserit, is, qui inlaesus abscesserit, medietatem statutae solutionis, prout diversitas culpae poposcerit, imminente iudice cogatur inferre [1]).

b) Was speziell die Verteidigung gegen einen Notstandsangriff anbelangt, so ist gegenüber der fast allgemeinen Meinung, die Volksrechte enthalten nichts über den Notstand, Folgendes zu bemerken:

α) Die volksrechtlichen Bestimmungen über Sonntagsruhe sind wörtlich aus der Bibel übernommen, und es war zweifelsohne nicht die Absicht, die Worte Christi, welche ich hier als bekannt voraussetzen darf, und wonach Notstand der eigenen Person, fremder Personen und eigenen Vermögens entschuldigt, von der Anwendung auszuschließen. Hier kommt das weiter nicht in Betracht.

β) Gegenüber Stammesfremden (f. u.) bedarf man der Entschuldigung des Notstandes ursprünglich nicht.

γ) Nach den Volksrechten ist, wovon noch anderweitig zu reden ist, ein Depositar, welcher seine eigenen Sachen mit Zurück-

---

[1]) Man hat sich, nebenbei bemerkt, daran gewöhnt, auf die compositio solcher und sogar zufälliger Verletzungen im germanischen Recht nur mit einem gewissen Hohn zu sehen, unter Verkennung des entschieden ritterlichen Zuges, der hier — die compositio als Schadenersatz betrachtet — ursprünglich zu Grunde lag.

Ob übrigens der bekannte Schluß auf die mangelhafte Berücksichtigung der subjektiven Verschuldung bei den Altgermanen überhaupt in seiner Allgemeinheit berechtigt ist, ist eine Frage für sich. Unter vielen Gesichtspunkten waren die „Volksrechte" ein Tritt auf die Rechtsanschauungen des Volkes; Schlüsse auf den vorhergehenden, wirklich im deutschen Volksgeist wurzelnden Rechtszustand dürfen wenigstens nicht mit solcher Selbstverständlichkeit, wie üblich, gezogen werden; s. o. § 9.

setzung fremden Eigentums rettet, ersatzpflichtig. L. Baiuw. XV, 2;
L. Wis. V tit. V, 3 und 5.

δ) Ebensogut auf Notstand wie auf Notwehr lassen sich be=
ziehen L. Burg. L, 1: „non manifesta necessitate compulsus“,
L. Rom. Burg. II, 2: „vel vitande mortis causa“, L. Rom.
Wis. Nov. Val. III, III, L. Burg. XLVIII, Ed. Roth. 330,
Ed. Theod. 15: „quia defensor propriae salutis videtur in nullo
peccasse“, ferner (verneinend) ev. Ed. Lang. Luitpr. 20, II (f. o.)
S. ferner die drei Stellen, welche Moriaud, De la justifi-
cation du délit par l'état de nécessité, 1889, S. 84 f. anführt.

Auf Grund dieser Quellen und der allgemeinen Gesichts=
punkte hier auf den Notstand näher einzugehen verbietet der Gegen=
stand vorliegender Abhandlung.

Notwehr gegen Notstandsangriff geschieht unter Kollision von
Rechten.

c) Sehr zu beachten ist, daß gar viele Angriffe früher nicht
rechtswidrig waren, die es heute sind, weil das alte germanische
Recht naturgemäß die außergerichtlichen Schutzmittel in viel aus=
gedehnterem Maß kannte, als unser heutiges Recht. (Vgl. die
Schuldverknechtung, das Schüttungsrecht 2c.)

d) Von besonderer Bedeutung für die Zeit der Volksrechte
ist ferner Folgendes:

α) Durch den absolut Friedlosen selbst bezw. zu seinen
Gunsten kann ein Recht der Notwehr nicht ausgeübt werden, weil
kein Angriff gegen ihn rechtswidrig ist. Die absolute Friedlosig=
keit ergreift aber nicht bloß die Person, sondern auch das Ver=
mögen. Gerade letzterer Umstand ist wichtig, denn er schließt
nicht allein die Notwehr für Sachgüter aus, sondern bedeutet
auch einen namhaften Unterschied zwischen dem absolut und dem
relativ Friedlosen (L. Fris. Add. sap. I, 1, f. u.), was den Frieden
im eigenen Hause anbelangt. Der absolut Friedlose ist nur im
Kirchenasyl (auf längere bezw. kürzere Zeit) geschützt.

Die absolute Friedlosigkeit ist der Zustand eines Menschen,
welcher für immer oder unter einer auflösenden Potestativbedingung
der Lynchjustiz verfallen ist, weil er infolge seiner Geburt (als

Fremder) oder infolge eines schweren, offenbaren Deliktes oder infolge thatsächlichen Verzichts (Flucht) auf die Kautelen des Verfahrens vor der Volksversammlung bezw. dem Gericht keinen Anspruch hat, oder weil er die auferlegte Sühne verweigert.

Über den Kontumazfall vgl. Meyer, Das Strafverfahren gegen Abwesende, 1869, S. 48 ff.

Absolute Frieblosigkeit tritt bei Verbrechen gegen Einzelne gar nicht ein, denn ein schwereres Verbrechen dieser Art als der Mord, bei welchem ja nur die relative Frieblosigkeit eintritt, ist nicht denkbar. Bei Verbrechen gegen allgemeine Rechtsgüter, zu welchen damals die (fehdebegründenden) Sittlichkeitsdelikte nicht gezählt wurden, tritt sie von selbst ein bezw. wird sie verhängt nur in den allerseltensten Fällen; denn schon gegen die damit verbundene Vermögenseinziehung (Brunner I, 127) sperrte sich die beteiligte Sippe selbstverständlich aufs äußerste. In der späteren Zeit, als der Einfluß der Sippe im Staate schwand, wurde die Sache natürlich anders. Aber gerade für die ältere Zeit wäre eine nähere Bestimmung, wozu hier nicht der Ort ist, möglich, und zur Feststellung der obrigkeitlichen Befugnisse, namentlich derjenigen der Versammlungen, unentbehrlich. —

Aus den Volksrechten ist beispielsweise heranzuziehen L. Burg. tit. VI. De fugitivis, II: „Qui fugitivum secutus fuerit, et casu repugnantem occiderit, omni calumpnia careat; . . .“

Bei auflösend bedingter Frieblosigkeit wird mit Eintritt der Bedingung das Notwehrrecht wieder erworben.

Zu den Flüchtigen und darum absolut Frieblosen gehört auch der capitis damnatus. Darum ist kein Angriff gegen ihn rechtswidrig, im Gegensatz zum heutigen (Meyer, Lehrb. 264) und zum ältesten, sakralen Recht, wo der capitis damnatus zum Opfer für die Götter bestimmt war. L. Sax. 28: Capitis damnatus (aus thatsächlichen Gründen ist nur an einen flüchtigen Verurteilten zu denken) nusquam habeat pacem.

Zu den absolut Frieblosen gehört nach den Volksrechten, wer einmal als Ketzer ertappt ist (L. Wis. lib. XII, tit. II, II), nicht aber der Jude als solcher. Über die Juden vgl. L. Wis.

lib. XII, III.   Frieblos sind dagegen die Christen, welche zum Judentum übergehen (cod. XVII). —

Vor der Zeit der Volksrechte waren absolut frieblos auch die Fremden[1]) im staatsrechtlichen Sinn, wenn sie nicht Gast= freundschaft[2]) genossen, einen Schutzherrn oder besonderen völker= rechtlichen Schutz gefunden hatten (Brunner I, 273). Für die Juden z. B. gab es so wenig Notwehr, zu ihren Gunsten so wenig Nothilfe wie einst in Ägypten (vgl. 2. Mose 2, 11 ff.); es ist ein eigentümliches Schauspiel, daß die Juden außerhalb des Rechtes stehen, während ihr Gesetz (dasjenige Mosis) teil= weise, durch wörtliche Aufnahme in die Volksrechte, die Germanen beherrschte.

Auch die Fremden waren also vor der Zeit der Volksrechte rechtlich unfähig, im Inlande Güter zu haben[3]). (Ob nicht der Umstand, daß bei den Germanen das Strandrecht besteht, darin seinen historischen Grund hat, daß zuerst nur Nicht=Volksgenossen die See befuhren?)

---

[1]) Daß übrigens ursprünglich gegen die Fremden und übrigen absolut Frieblosen Notwehr nicht bloß deshalb, weil nun einmal kein Angriff gegen sie rechtswidrig sein konnte, entschuldigt war, sondern schon aus besonderen, im Notwehrrecht selbst liegenden Gründen, darüber s. unten in § 11, I, 1., b.

[2]) Tacitus, Germania, cap. 21: Quemcunque mortalium arcere tecto nefas habetur; pro fortuna quisque apparatis opulis excipit. Cum defecere, qui modo hospes fuerat, monstrator hospitii et comes; proximam domum non invitati adeunt. Nec interest: pari humani= tate accipiuntur. Notum ignotumque quantum ad ius hospitii nemo discernit. — Seit Tacitus erhielt übrigens diese Gastfreundschaft einen gewaltigen Riß wegen der Vernichtungskämpfe gegen die Römer.

[3]) In der Entwicklung des Fremdenrechts gab es eine Zwischenstufe. Zuerst waren die Fremden ganz rechtlos, von Chlodwig an (s. S. 31 u.) konnten sie zunächst im Land weder etwas okkupieren, noch hatten sie schon das commercium mit den Einheimischen, — aber was sie mitbrachten, durften sie ungestört haben: Ein Recht hatten sie bekommen, das des juristischen Besitzes. Die mitgebrachten Sachen entsprechen wohl den res nec mancipi des römischen Rechtes. Der agrarische Charakter der res mancipi versteht sich für das Zeitalter von selbst.

In den Volksrechten sind sie aber nicht mehr so schlecht gestellt. S. Roth. 367, L. Chamav. c. 9, L. Baiuw. IV, 30.
Letztere Stelle, welche hier folgt, zeigt den Einfluß der christlichen
Kirche, welche hier nicht nur aus moralischen Gründen ein-
greifen mußte, sondern wegen des freien Verkehrs der Geistlichen
und Pilger unmittelbar interessiert war: De peregrinis trans-
euntibus viam. — Nemo enim ausus sit inquietare vel no-
cere peregrinum quia alii propter Deum, alii propter necessitatem discurrunt, tamen una pax omnibus necessaria est.
Vgl. auch Addit. II zur L. Burg. V: Quaecunque persona de
alia regione in nostram venerit, et ibi voluerit habitare, aut
cum quo esse voluerit, habeat licentiam: et nullus eam ad
servitium, aut per se adiicere praesumat, aut a nobis petere
conetur.

Ein Angriff auf einen Peregrinen konnte also jetzt so gut
rechtswidrig sein, wie ein anderer, und zwar galt das Personalitätsprinzip. Nach welchem Rechte beurteilen, ob der Angriff rechtswidrig sei? Bei groben Friedensbrüchen stimmten ja die sämt-
lichen Rechte überein; wie aber in feineren Fällen (Verhältnis
von Eigentum zum Besitz ꝛc.)? L. Burg. I constit., c. 2 bestimmte:
omnes iudices . . secundum leges nostras . . inter Burgun-
dionem et Romanum . . iudicare debebunt. — Über die einschlägigen Rechtssätze des internationalen Strafrechts der fränkischen Zeit ist des weiteren zu vergleichen Brunner I, 261 ff.

Über den Einfluß weiterer persönlicher Verhältnisse (Unfrei-
heit) s. im Anhang (§ 13).

β) Qualifiziert rechtswidrig ist der Angriff gegen
Kirchen, Geistliche, Frauen, Unmündige, Juden, Kaufleute ꝛc.,
welche der König unter seinen besonderen Schutz genommen hat.
Der Sonderfriede erstreckt sich nicht nur auf die betreffende
Person, sondern auch auf deren Vermögen und abhängige Leute
(Brunner II, 49 f).

γ) Daß die Subordinationsverhältnisse sich gegenüber der
ältesten Periode in den Volksrechten zu Ungunsten des Familien-

oberhauptes durchaus verschoben haben, war schon aus frü=
heren Stellen zu ersehen. Wenn dereinst Frau und Kinder gegen
den Hausvater (Mutterrecht: Mutterbruder) kein Notwehrrecht
hatten, wenn er sie töten, züchtigen oder verkaufen (Brunner I,
75 f.) wollte, so war dies, wie schon früher thatsächlich, auch
rechtlich jetzt anders geworden.

δ) Gegen Beamte, die innerhalb ihrer Zuständigkeit und
in der vorgeschriebenen Form einschreiten, ist, wenn sie materiell
im Unrecht sind, an sich nach unserem § 53 Notwehr erlaubt;
so z. B. gegen den formell legitimierten Gerichtsvollzieher, wenn
dessen Angriff demjenigen, der zu gewaltsamer Exekutionsinter=
vention greift, gegenüber materiell rechtswidrig ist. Freilich hält
hier meist das Postulat „erforderlich" die Wage; es darf kein
anderer Ausweg als der der Notwehr vorhanden sein. Eine be=
rechtigte Exekutionsintervention darf z. B. regelmäßig nicht durch
Gewalt, sondern muß auf dem für sie eröffneten Rechtsweg ge=
schehen. Immerhin sind Notwehrfälle denkbar.

Die L. Wisig. aber hält die Disziplin so hoch, daß sie sogar
die gröbsten Kompetenzüberschreitungen entschuldigt. Tit. V, VIII
lib. VI L. Wis.: Quemcunque discipulum, in patrocinio aut
in servitio constitutum, si a magistro, patro vel domino in-
competenti et indiscreta disciplina percussum fortasse mori
de flagello contingat, cum nihil ille qui docet aut corripit,
in hunc invidiae aut malitiae habuerit: Qui caecidit, homicidio nec infamari poterit nec affligi. Quia dicente Dei sacra
scriptura: Qui disciplinam abiicit, infelix erit. (Wenn zu
dem Thatbestand des § 213 unseres St.G.B. hinzukommt, daß
der Getötete Untergebener des Thäters ist, so tritt nach dieser
L. Wis. Straflosigkeit ein. Dies leitet sich her aus der vor=
maligen unbeschränkten Tötungsbefugnis infolge von patria po-
testas, und äußert sich heute nur noch in der Strafzumessung.
Das nebenbei.)

Ferner ist heranzuziehen L. Baiuw. tit. II, cap. 8 Si quis
ducali iussione hominem interfecerit: Si quis hominem per
iussionem Regis vel Ducis sui, qui illam provinciam in po-

testate habet, occiderit, non [1]) requiratur ei, nec faidosus sit, quia iussio domini sui fuit, et non potuit contradicere iussionem; sed Dux defendat eum et filios eius pro eo. — Et si Dux ille mortuus fuerit, alius Dux qui in loco eius succedit, defendat eum [2]).

Diese Stelle der L. Baiuw. erinnert lebhaft an eine solche aus Hamlet, über welch letztere Kohler, Shakespeare S. 205, u. a. Folgendes schreibt: „Aber selbst wenn er (Hamlet) in ihnen einfache, unwissende Boten des Königs erblickte, ist nichtsdestoweniger der Fall der Notwehr gegeben; denn zur Notwehr gehört nur die objektive Rechtswidrigkeit des Angriffs: Diese vorausgesetzt, ist dieselbe gerechtfertigt, auch wenn sie nicht gegen den rechtswidrigen Thäter selbst, sondern gegen ein subjektiv entschuldbares Werkzeug dieses Thäters gerichtet ist. Denn die Notwehr wird nicht etwa entschuldigt durch die Schlechtigkeit dessen, gegen den sie gerichtet ist, sondern sie beruht auf dem Satze, daß das Recht nicht dem Unrecht zu weichen braucht; es braucht ihm nicht zu weichen, auch wenn sich das Unrecht eines unwissenden, subjektiv schuldlosen Werkzeuges bedient." —

Wie ein Beamter gestellt ist der Unfreie, der durch seines Herrn Befehl gedeckt ist (L. Sax. 18: Litus, si per iussum vel consilium domini sui hominem occiderit, ut puta nobilem, dominus compositionem persolvat, vel faidam portet), jedoch kommt dieses Verhältnis, im Gegensatz zum Einschreiten eines Beamten, für das Notwehrrecht natürlich nicht in Frage.

ε) Daß es auch nach den Volksrechten, welche ja nicht einmal in des Volkes Sprache abgefaßt waren, nur auf die objektive Rechtswidrigkeit gegenüber dem Angegriffenen, nicht auf das Bewußtsein des Angreifers von dieser, ankam, ist an sich klar; es

---

[1]) Ebenso lag die Sache im römischen Recht, wie aus den bei Geib a. a. O. § 90 citierten Stellen hervorgeht, denen übrigens als bis zu gewissem Grad entgegengesetzt beizufügen ist L. 1 § 13 D. 43, 16: non enim excusatus est, qui iussu alicuius deicit, non magis, quam si iussu alicuius occidit. —

[2]) An diesen 2. Absatz klingt späteres kanonisches Recht in auffallender Weise an. —

ist ja nicht einmal Vorsatz nötig. Was des Angegriffenen Be=
wußtsein von der Rechtswidrigkeit des Angriffs anbelangt, so liegt
zu einem Zweifel daran, daß, wie heutzutage, gutgläubige
Notwehr entschuldigte, wenn sie (in eigenem oder fremdem In=
teresse) aus einem wesentlichen und entschuldbaren Irrtum geschah,
kein Anlaß vor. Error iuris — ein solcher über das Strafgesetz
selbst kommt nicht in Betracht — ist error facti, der hier noch
in ganz anderer Weise entschuldigen muß, als sonst. Der An=
gegriffene, der Richter in eigener Sache sein muß, hat wenig Zeit
zu seinem Urteil; und wenn gar sein körperliches Sein ange=
griffen wird, wenn der grenzenlose „Wille zum Leben" sich sozu=
sagen aufbäumt, darf man dieselbe Überlegung, wie sonst, schlechter=
dings nicht verlangen.

Der früher von der Theorie ignorierte, jetzt wohl allgemein
anerkannte Satz des römischen Rechts „ceterum omnibus iuris error
in damnis amittendae rei suae non nocet" (l 8 Dig. 12, 6) in
Verbindung mit dessen weiterer Regel, daß error iuris dann ent=
schuldigt ist, wenn, — wie bei der Notwehr — keine Möglich=
keit der Rechtsbelehrung besteht, ist nicht etwa das Erzeugnis
subtiler Rechtsgelahrtheit, sondern ein Satz, der dem unmittelbaren
Gefühl des Volkes entspricht, und zwar dem deutschen so gut und
so ursprünglich wie dem römischen.

Vom Irrtum bei der bösgläubigen Notwehr, d. h.
dem Fall, daß objektiv, aber dem (offensiven) Verteidiger unbe=
wußt, der Angriff rechtswidrig ist, war oben (S. 12 Z. 10) bei der
Frage des Kausalzusammenhanges mittelbar die Rede.

Der Irrtum bei der gutgläubigen Notwehr kann aus fol=
genden Gründen entspringen: Irrtum über das Vorliegen eines
Angriffs, während vielleicht Scherz oder dergl. vorliegt, über
die Tauglichkeit des Angriffs, darüber (?, s. u.), daß ein (em=
pfindlicher — ?) Schaden droht, Irrtum über die Gegenwärtigkeit,
während der Versuch vielleicht schon zum Ziel geführt hat, über
die Rechtswidrigkeit, z. B. über die Zugehörigkeit von Gütern,
und Irrtum über das Vorhandensein des Postulats „erforder=
lich". —

Bei der Notwehr zur Verteidigung von Sachen ist der Irrtum heute durchschnittlich entschulbbarer als zur Zeit der Volksrechte, denn die Beziehungen der Menschen zu den Gütern sind heute in viel rascherem Wechsel begriffen, die Zahl der Rechtsgeschäfte und der anderen Verlustgründe hat sich mächtig vermehrt, so daß die Verhältnisse jetzt ganz anders liegen, ganz abgesehen davon, daß zur Zeit der Volksrechte der Hausrat einfacher, vielleicht auch regelmäßiger mit Eigentums- und Besitzergreifungszeichen versehen war.

Bei der annähernden Unmöglichkeit eines Rechtsirrtums in jener Zeit kann sich niemand darüber verwundern, daß die Volksrechte nicht bestimmen, ob bei nicht entschulbbarem Irrtum wegen Fahrlässigkeit bestraft werden solle. Letzteren Begriff kennen sie ja überhaupt nicht; da sie aber andererseits, und namentlich bei Tötungen, immer neben dem Zufall die böse Absicht herausheben, und nicht wohl daran zu denken ist, daß sie bei grobem Irrtum nicht (oder nur wegen Zufalls) haben büßen lassen, so ist zu schließen, daß nach germanischem Recht wie nach dem römischen culpa lata dem dolus gleichgestellt war, was in unserem heutigen, verfeinerten Strafrecht ja nicht mehr der Fall ist.

ζ) Es frägt sich, ob nach den Volksrechten die Verletzung eines unpersönlichen Rechtsgutes in Notwehr gerechtfertigt war. Notwehr an einem besonders befriedeten Ort kommt nicht als Verletzung dieses Sonderfriedens in Betracht, sondern als Reaktion wie gegen den Angriff an sich so gleichzeitig gegen die Verletzung jenes; sie hat nicht statt trotz des Sonderfriedens, sondern ist durch den Sonderfrieden qualifiziert berechtigt. Zunächst ist hier zwischen kirchlichem und nicht kirchlichem zu unterscheiden. Grundsatz der Kirche ist an sich (das viel spätere corpus iuris canonici — c. 36 S. 50 — hat nichts mitzusprechen) allerdings: „Ich aber sage euch, daß ihr nicht widerstreben sollt dem Übel, sondern so dir jemand einen Streich giebt auf deinen rechten Backen, dem biete den anderen auch dar. Und so jemand mit dir rechten will und deinen Rock nehmen, dem laß auch den Mantel.

Und so dich jemand nötiget Eine Meile, so gehe mit ihm zwo." Ev. Matth. 5, 39—41. Insofern ist Notwehr innerhalb des Kirchenfriedens ein Unrecht, und man könnte wohl die Frage auf= werfen, ob die Kirche, welche mit ihrem Asylrecht in so einschnei= dender Weise in das Strafrecht eingriff, auch in der Lage war, die Notwehr, auf ihrem geweihten Boden begangen, zu einem staatlich als solches anerkannten Unrecht zu stempeln.

Zunächst ist hervorzuheben, daß die Kirche (das Fehderecht, aber, wenn die Händel gerade vor der Kirche sich abspielten und der Angreifer mit einem raschen Sprung in diese sich dem Ver= teidiger entzog, im Besitz seiner Beute, auch) das Notwehrrecht abschnitt, und so gegen alle Grundsätze des Laienrechts den Misse= thätern Nothilfe brachte.

Daß aber Notwehr gegen einen in der Kirche selbst begangenen Angriff, wenn nur die allgemeinen Voraussetzungen vorlagen, zweifelsohne entschuldigte, ist indirekt, mit Sicherheit, aus fol= gender Stelle zu schließen: L. Wis. lib. IX, tit. III, 2: Qui ad Ecclesiae porticus confugerit, et non deposuerit arma quae tenuit, si fuerit occisus, percussor in loco sancto nullam fecit iniuriam, nec ullam calumpniam pertimescat.

Von den zahlreichen Stellen der Volksrechte, welche vom Asyl= recht der Kirche im allgemeinen handeln (s. z. B. L. Baiuw. I, 7, Alam. III, Rom. Burg. I, 3 ff., Rom. Wis. lib. IX, tit. XXXIV, Sax. 22), möge nur, weil auch sonst interessant, hier Platz finden L. Fris. Add. sap. tit. I De pace faidosi: 1. Homo faidosus pacem habeat in Ecclesia, in domo sua, ad Ecclesiam eundo, de Ecclesia redeundo, ad placitum eundo, de placito redeundo, qui hanc pacem effregerit, et hominem occiderit, novies XXX solidos componat.

— Eben weil der Angreifer sich über den besonderen Frieden hinwegsetzt, ist ebenso, wie im Kirchenfrieden, an folgenden Orten (Brunner II, 45—47) die Notwehr qualifiziert erlaubt: In des Königs Pfalz, des Herzogs Burg, auf dem Königs= und Herzogsweg; in Churrätien auch in der Stadt, der Burg, dem Haus, wo der Bischof sich gerade aufhält.

Dem Befehbeten (relativ Frieblosen) mußte des eigenen Hauses Friede gewahrt bleiben, widrigenfalls der Angriff gegen ihn rechtswidrig war. L. Sax. 27: Qui hominem propter faidam in propria domo occiderit, capite puniatur. L. Fris. cit. und L. Alam. 44.

η) Von dem Ertapptsein auf frischem Versuch wurde früher gehandelt; es bildet die selbstverständlichste Voraussetzung jeder Notwehr zu Gunsten eigener und frember Interessen. Nur als Beispiel rechtswidrigen Versuchs, wenn auch unter besonderem Gesichtspunkte, sei hier der Fall des Ertapptseins im Ehebruch behandelt. Der von entsprechender Seite erfolgte Angriff auf den Ehebrecher ist kein rechtswidriger, folglich besteht weder für letzteren selbst noch für andere zu seinen Gunsten ein Notwehrrecht. L. Rib. tit. LXXVII (f. o.); tit. VIII, 1 L. Baiuw.; L. Fris. V, 1; L. Wis. lib. III, tit. IV, IV (auch von der Verlobten); Ed. Roth. 212; L. Rom. Burg. XXV; L. Rom. Wis. Pauli sent. lib. II, tit. XXVII De adulteriis, sent. 1.

Bezüglich desjenigen, der eine Unzucht abgesehen vom Fall des Ehebruchs begeht, sind hier — aber ebenfalls nur als der Sippe gegenüber das Notwehrrecht des Thäters bezw. das Nothilferecht ausschließend — in Betracht zu ziehen L. Baiuw. VIII, 9, L. Rib. LXXVII, und Cap. Remedii, De adulterio.

θ) Ein Recht der Notwehr scheint dem Arzt der Sippe gegenüber nicht zuzustehen, wenn er durch einen groben Kunstfehler den Tod des Kranken herbeigeführt hat. Vgl. L. Wis. lib. XI, tit. I, VI: Si quis medicus, dum flebotomum exercet, et ingenuum debilitaverit, CL solidos coactus exsolvat. Si vero mortuus fuerit, continuo propinquis tradendus est, ut quod de eo facere voluerint, habeant potestatem. Si vero servum debilitaverit aut occiderit, huiusmodi servum restituat. —

Henne am Rhyn, Kulturgeschichte des beutschen Volkes, 1886, S. 73, glaubt, daß sämtliche Ärzte Frembe waren. Dann wäre biese ausbrückliche gesetzliche Tötungserlaubnis, bie früher unnötig gewesen wäre, eine Bereicherung zu ben S. 23 oben beim Frembenrecht angeführten Stellen.

ε) Das Recht der Notwehr unterliegt der Privatdisposition in einem Umfang, der im Lauf der Zeiten außerordentlich gewechselt hat und für das heutige Recht nicht klar umschrieben ist.

Es handelt sich um das „volenti non fit iniuria“. Damit, daß der frühere volens sich plötzlich wehrt, giebt er das Ende seiner Einwilligung kund. Wie steht es aber, wenn der Angegriffene seine Einwilligung nicht entzieht, mit denen, welche ihm Nothilfe bringen wollen? Zunächst ist von hervorragender Bedeutung hier die Lehre vom Irrtum, dann die positive Bestimmung der §§ 216 2c. unseres St.G.B., welche den Angriff zu einem rechtswidrigen stempeln (nach ihnen hat der volens Angegriffene zu einem Delikt angestiftet, seine Verteidigung stellt sich dar als thätige Reue). Auch bei dem heutzutage rechtswidrigen Zweikampf hat keiner der beiden Teile das Recht der Notwehr. Dritte hätten aber gegebenenfalls das Recht der Nothilfe nach § 53, und zwar die Wahl, welchem Duellanten gegenüber. Den Sekundanten aber ist dieses Recht, was aggressive Nothilfe anbelangt, durch § 207 St.G.B. versperrt.

Ob, was die Entziehung der Einwilligung durch thätige Reue anbelangt, die altgermanische Auffassung mit der heutigen übereinstimmt, ist (vgl. die folgende Stelle) fraglich.

Notwehr zu Gunsten der Freiheit konnte zur Zeit des Tacitus (Germania, cap. 24) durch Spielvertrag ausgeschlossen sein: Aleam, quod mirere, sobrii inter seria exercent, tanta lucrandi perdendive temeritate, ut, cum omnia defecerunt, extremo ac novissimo iacta de libertate ac de corpore contendant. Victus voluntariam servitutem adit: quamvis iuvenior, quamvis robustior adligari se ac veniri patitur. Ea est in re prava pervicacias; ipsi fidem vocant.

Wissen wir auch aus der fränkischen Zeit nichts mehr von solchen Spielverträgen, so ist die Menge der Fälle um so bekannter, wo die Leute aus sozialer Not sich selbst freiwillig verkauften und verknechteten. Vgl. Thudichum, Geschichte des Deutschen Privatrechts, 1894, S. 107 ff.

Auch das Scheren der Haare nach Brunner I, 77 f., zu dem teils eigene Einwilligung, teils diejenige der Verwandten erforderlich ist, ist beispielsweise heranzuziehen; soweit die Länge des Haares einzelnen hervorragenden Geschlechtern als Kennzeichen diente, handelte es sich um die Gefahr erheblicher Verletzung.

— Das Nothilferecht zu Gunsten gewisser Personen war (und ist teilweise) ebenfalls veräußerlich. Wer sich in eine Gefolgschaft begab, verschloß sich damit dieses Recht jedenfalls in gewisser Richtung gegenüber den Gegnern seines Gefolgsherrn. (Aus der früheren Zeit wären auch die germanischen Legionäre Roms heranzuziehen.)

4. Bezüglich des Satzes, daß Notwehr gegen Notwehr unzulässig sei, ist wegen etwaiger Möglichkeit der Kollision von Rechten auf das oben Gesagte zu verweisen. Im übrigen ist die Notwehr gegen Notwehr nur die Fortsetzung des (ev. jetzt — z. B. als Raub — qualifizierten) rechtswidrigen Versuchs, bezw. die Vollendung des zu Anfang ins Werk gesetzten Deliktes.

5. Unter die zivilrechtlichen Gründe, welche einen Angriff rechtswidrig machen können, fällt einer, der von besonderem Interesse ist: Der juristische Besitz.

Dieser Begriff entstand (und besteht) nicht aus inneren Gründen, nicht um seiner selbst willen, sondern indem die Staatsgewalt jedermann unter Strafdrohung aufforderte, seine Rechtshändel auf ordentlichem Prozeßweg auszutragen, indem sie, anders ausgedrückt, durch Ausdehnung der öffentlichen Strafe die Selbsthilfe eindämmte. Daher das Recht (der juristische Besitz) der Räuber und Diebe.

Diese (übrigens bekanntermaßen strittige) rechtspolitische Existenzursache des juristischen Besitzbegriffs erscheint als allen Kulturvölkern gemeinsam.

Es kann keinem Zweifel unterliegen, daß, seit das Notwehrrecht (zu Gunsten von Sachgütern) mit seiner scharfen zeitlichen Grenze bei den Germanen formuliert war, der juristische Besitz[1]) bei ihnen bestand. Es wird niemand leugnen, daß mit jenem Augenblick, also etwa seit dem Jahre 500, der Besitzesschutz anerkannt, daß er vor jenem Augenblick, abgesehen etwa von besonderen Fällen, nicht anerkannt ist.

§ 11. Das Postulat „erforderlich" und der Exzeß der Notwehr.

I. Der Grund des Erforderlichseins der Verteidigung im hier zu erörternden Sinn ist ein gegenwärtiger rechtswidriger Angriff auf irgend eine Person oder irgend eine Sache (sofern sie nur nicht res nullius ist). Aber mit dieser allgemeinen Formel ist die Sache nicht abgethan; vielmehr bestimmt sich in jedem einzelnen Fall die Frage, ob eine Verteidigung durch vis atrox, bezw. welches Maß der Verteidigung erforderlich ist, nach persönlichen und sachlichen Gründen auf seiten des Angreifers wie auf seiten des Verteidigers.

1. Persönliche Gründe auf Seiten des Angreifers.

a) Einem schwachen Angreifer, z. B. einem Weib gegenüber, wird das erforderliche Maß der Notwehr regelmäßig geringer sein. (Auffallend parallel geht die Bestimmung der L. Fris. V, 2, daß das Weib milder zu bestrafen sei.)

b) Wenn man mit absoluter Gewißheit vom Angreifer auf dem Rechtsweg vollständigen Ersatz erlangen wird, ist die „Verteidigung" nicht erforderlich[2]). — Solche ist demnach stets

---

[1]) Wiederum ist daran zu erinnern, daß die absolut Friedlosen (in der ältesten Zeit mit Einschluß der Fremden) als vermögensunfähig keinen juristischen Besitz haben können, — auch nicht als Räuber und Diebe! Kein Angriff auf sie ist rechtswidrig. Über die Sklaven s. im Anhang.

[2]) Ob Notwehr nicht erforderlich, daher nie erlaubt ist, wenn der Angegriffene für den betr. Fall im Sinn des § 775 unserer C.P.O. gedeckt ist, ist eine hier nur anzudeutende Frage für sich. Offenbar quaestio facti; der Affektionswert spielt herein. — Für die alte Zeit kämen u. a. Geiseln in Betracht (bieten vielfach keinen Ersatz). —

Im Gegensatz zum heutigen ausgebildeten Recht gab es in der Zeit der Volksrechte noch zahlreiche Fälle, wo zu Gunsten des Vermögens Notwehr deshalb erforderlich war, weil für das betreffende verbrecherische Unternehmen noch keine Buße angedroht war, also, soweit gleichzeitig Selbsthilfe verboten war, auch kein Ersatz zu erwarten stand.

erforderlich gegenüber von Versuchen der Körperverletzung. — Notwehr gegen Angriffe auf Sachgüter ist eher erforderlich gegen Unbekannte, besonders Vagabunden, als gegen leicht Belangbare. Die Anschauung des alten deutschen Rechts hierüber ist sehr gesund: Mit den bezüglichen nicht prinzipiellen Einschränkungen war Not= wehr gegen Fremde stets als erforderlich (einen anderen Gesichts= punkt lernten wir oben kennen) erlaubt. Man konnte von ihnen, die rechtlich vermögensunfähig waren, nicht, wie von den Ansässigen, mit Sicherheit Ersatz erlangen; sie konnten, wenn man sich nach der That an sie hätte halten wollen, in der altgermanischen Zeit auch aus dem Grunde plötzlich verschwunden sein, weil sie von (einander und von) jedem beliebigen Volksgenossen jederzeit buß= los erschlagen werden konnten.

Wie bei Fremden, so lag der Fall bei sonstigen absolut Frieblosen. Zwar waren sie nicht unbekannt, aber sie hatten kein Vermögen mehr, Ersatz zu leisten.

2. Sachliche Gründe auf Seiten des Angreifers.

Aus dem Begriff „erforderlich" geht hervor, daß, obgleich ein gegenwärtiger, rechtswidriger Angriff vorliegt, ein Recht zur Notwehr nicht gegeben ist, wenn absolute Untauglichkeit des Versuchs vorliegt.

3. Persönliche Gründe auf Seiten des Verteidigers.

a) Man kann eine abstrakte Grenze des Erforderlichen nur sehr im allgemeinen setzen, keineswegs aber etwa dabei von der Erwägung ausgehen, das Maß der Verteidigung dürfe nur der Kraft des Angriffs gleich sein, denn dann sei dieser gelähmt. Schon das ist zu bedenken, daß zur Verteidigung eines Gutes oft ein energisch gegebener Befehl genügt, wie ihn nicht jeder geben kann. Der Angreifer hat es, vielleicht mit dem Leben, zu büßen, wenn der Angegriffene in derartiger Richtung nichts nütze ist. Steht dem Verteidiger gar kein anderes, als ein furcht= bar wirkendes Verteidigungsmittel zu Gebot, so durfte und darf

3

er dieses anwenden, auch wenn der Angriff auf eine im Ver=
hältnis nicht schwere Beschädigung lossteuert.

b) Die Frage, ob das Recht der Notwehr ausgeschlossen sei,
wenn der Angegriffene in der Lage ist, durch Flucht sich bezw.
seine Sache der Gefahr zu entziehen, ist für die Zeit der Volks=
rechte vollends ausgeschlossen.

4. Sachliche Gründe auf Seiten des Verteidigers.

a) Ist der Gegenstand des Angriffs untauglich, so
giebt es kein Notwehrrecht.

b) Über den Fall der Geringwertigkeit des angegrif=
fenen Objekts s. unten S. 40 Z. 3.

c) Zu bedenken ist ferner, daß nicht jeder Versuch der rechts=
widrigen Veränderung an einem Objekt eine Beschädigung des=
selben bedeutet, sondern gleichgültig oder gar von Vorteil sein
kann. Hier wäre Notwehr, die sich auf das summum ius (Wort=
laut des § 53) stützte, meist summa iniuria, und sogar in vielen
Fällen, wegen Abwesenheit des, nur in höherem Sinn zu fassenden,
Postulats „erforderlich", unentschuldigt.

d) Sehr klar sprechen sich die Quellen darüber aus, daß,
wenn der Verteidiger mehrere ausreichende Mittel zur
Hand hat, immer das leichtere vor dem schwereren zur Anwen=
dung zu bringen ist. L. Rib. LXXVII: „. . et non praevaluerit
ligare . .". Ed. Roth. 32: De homine libero, si noctis tem-
pore in curte alterius inventus fuerit, et non dans manus ad
legandum, occidatur, et a parentibus non requiratur . . .

e) Gegenüber dem nächtlichen Dieb geben alle Völker in
ihren ersten Entwicklungsstufen schlechtweg eine Tötungsbefugnis,
jedenfalls, weil sie in zu sehr verallgemeinernder Weise die Not=
wehr hier stets als erforderlich ansehen. Die beiden eben wieder-
gegebenen Stellen bedeuten einen Fortschritt, den beispielsweise
die folgende noch nicht erreicht hat: L. Wis. lib. VII, II, XIV:
Fur nocturnus captus in furto, dum res furtivas secum por-
tare conatur, si fuerit occisus, mors eius nullo modo vindicetur.

II. Überschreitung der Notwehr.

1. Bei solcher kommt im allgemeinen, nach den Volksrechten wie bei uns, die für die betreffende Handlung sonst bestehende Rechtsnorm zur Anwendung.

Wir sahen, daß das Recht nach dem Motiv des Verteidigers, wenn er nur innerhalb der Notwehrgrenzen bleibt (f. hiezu S. 12, Z. 10) nichts frägt. Überschreitet er diese, so erscheint er als Verbrecher, dessen dolus das Recht nach allgemeinen Grundsätzen prüft. So kommt es, daß das Recht (f. auch S. 26 o.) den Exzeß der Notwehr je nach seinem Grunde entschuldigt, insbesondere dann, wenn der Thäter in Bestürzung, Furcht oder Schrecken — es liegt ganz einfach entschuldbarer Irrtum vor, bedarf also keiner gesetzlichen Hervorhebung! — die Grenzen der notwendigen Verteidigung überschritten hat.

2. Übrigens erlaubten es vereinzelte Gründe, auch abgesehen von dem schließlich nur noch spärlichen Fehderecht, in concreto dem Verteidiger, über das erforderliche Maß der Notwehr hinauszugehen (im ältesten Recht die Stellung als pater familias, späterhin diejenige als Beamter, wenn sich der Exzeß als Bethätigung einer unmittelbaren Strafgewalt darstellt; vgl. auch S. 34 e).

3. Die Überschreitung der Notwehr im Zorn ist bezeichnenderweise in den Volksrechten, wenn wir von dem oben über Subordination Gesagten absehen, schon ebenso behandelt wie bei uns. Der Fall des § 213 St.G.Bs. ist gegeben in L. Burg. tit. II, II : Illud sane huic legi rationabili censuimus provisione subiungi, ut si cui forte a quocunque inlata vis fuerit, ut aut ictibus verberum, aut vulneribus urgeatur, et dum insequitur percutientem dolore aut indignatione compulsus occiderit, atque ita factum re ipsa, aut idoneis, quibus credi possit, testibus fuerit comprobatum, medietatem pretii secundum qualitatem personae occisi parentibus cogatur exsolvere: hoc est . . .

4. Vom Exzeß der Zeit nach wurde oben (§ 9) gehandelt.

§ 12. Gegenstand der Notwehr.

Über den möglichen Gegenstand der Notwehr, die, wenn man so will, wesentlichste Voraussetzung derselben, wurde schon bisher das Nötigste angedeutet.

I. Über Notwehr zu Gunsten der eigenen Person siehe die oben, insbesondere die zum Zweck des Überblicks aufgeführten Stellen. Sie ist allen Rechtsgenossen gestattet, ganz unabhängig vom Fehderecht 2c.

II. Diejenigen, welche für einander das Fehderecht hatten, besaßen ebendarum auch das Recht gegenseitiger Nothilfe. Doch hatten auch diejenigen, welche das erstgenannte Recht nicht hatten und doch innerhalb der Rechtsordnung standen, das Nothilferecht, so daß, als man das Fehderecht abschaffte, doch das allgemeine Nothilferecht übrig blieb. L. Rib. LXXVII: „. . aut super uxorem, seu super filiam, vel his similibus . .“ L. Wis. lib. III tit. III, II u. VI: Si parentes mulierem vel puellam raptam excusserint . . . Si quispiam de raptoribus fuerit occisus, ille qui percussit ad homicidium non teneatur, quod pro defendenda castitate commissum est. Aus letzterem Beisatz geht offenbar hervor, daß jeder Dritte, der in solchem Falle Hilfe bringt, recht handelt.

Heranzuziehen ist hier auch L. Sal. tit. XIII Zus. 3 (hier ist ausnahmsweise nicht die Hessels'sche Ausgabe gemeint, welcher diese Stelle fehlt; s. die Ausgabe von Herold, § 13): Si quis ingennam feminam aut puellam contubernio facto seu in itinere aut quolibet loco adsalierit et vim illi inferre praesumpserit, tam unus quam plurimi qui in ipsa violentia fuerint admixti, CC solidos unusquisque ipsorum culpabilis iudicetur. Et si adhuc de illo contubernio remanserint, qui scelus istud non admisisse noscuntur et tamen ibidem fuerint, si plures aut minori numero quam tres fuerint, eorum quilibet pro ipsis XLV solidis culpabilis iudicetur.

Es soll durchaus nicht behauptet werden, daß jene, die dabei waren, bestraft werden, weil sie nicht Nothilfe geleistet haben

(soweit ging ja späterhin das kanonische Recht, c. 7 C. 23 qu. 3),
— aber daß sie der Räuberbande angehören, thun sie wesentlich
damit kund, daß sie Nothilfe nicht leisten, und es blinkt immer=
hin aus der Stelle heraus, daß die Nothilfe als moralische Pflicht
betrachtet und rechtlich begünstigt wurde. (Vgl. den Gedanken=
gang im 3. Abs. von cap. 6 X 5, 12 und eine Bestimmung des
altägyptischen Rechts bei Thonissen, Etudes sur l'histoire
du droit crim., 1869, I, 148).

Man hat nicht nur (s. o.) nicht den mindesten Anlaß, an dem
Bestehen des Nothilferechts zur Zeit der Volksrechte zu zweifeln,
— man findet sogar eine ganze Reihe von Rechtsverhältnissen
jener Zeit, welche im gegebenen Fall die Nothilfe zur Pflicht
machen[1]). Dies gilt, abgesehen von den Sippegenossen unter=
einander (vgl. Tacitus, Germ. cap. 21, unsere Heldengedichte
und andere Quellen. Freilich wurde auch Nothilfe in rechts=
widrigen Fällen zu Gunsten[2]) von Sippegenossen damals sehr
milde beurteilt, daher die ausdrückliche, nicht der Bibel entnommene
Hervorhebung im Heliand Vers 1492 ff.; vgl. übrigens heute
§ 257 St.G.B.s.), für die Gefolgsleute unter sich, namentlich aber
im Verhältnis zu ihrem Herrn und umgekehrt. Hier liegt ein
besonderer Treueid vor. Vgl. Tacitus, Germania cap. 14

---

[1]) während, nebenbei bemerkt, die Ausübung des Notstandsrechts und
die Eigen=Notwehr naturgemäß stets in dem Belieben des Betroffenen liegt.

Heutzutage liegt eine Nothilfepflicht ob den Schildwachen und militä=
rischen Geleitsmannschaften zum Schutz des ihnen Anvertrauten, den Militär=
personen zu Gunsten von Schildwachen und von Fahnen rc., den polizeilichen
Organen, Feuerwehr=Wachmannschaften und anderen mehr. (Einigermaßen
klingt auch unter Umständen § 360 3. 10 St.G.B.s. an.

[2]) Nothilfe gegen einen Sippegenossen, welcher eben einen rechts=
widrigen, eine Fehde erst begründenden Angriff begeht, muß erlaubt gewesen
sein. Dies lag so sehr im Interesse des Volksganzen, aber namentlich der
Sippen selbst (Ersparnis der Fehde und Wehrgeldhaftung), daß wir nicht
bloß im Vertrauen auf den moralischen Gehalt der germanischen Rechtsan=
schauungen die Rechtslage als so beschaffen gewesen annehmen dürfen. —
Wenn aber eine Fehde im Gang war, so wäre Nothilfe gegen einen Sippe=
genossen ein Treubruch gegen die Sippe gewesen, also nach den Rechts=
anschauungen der Zeit rechtswidrig.

(trifft bekanntlich bis zum Mittelalter zu): Jam vero infame in omnem vitam ac probrosum superstitem principi suo ex acie recessisse: illum defendere, tueri ... praecipuum sacramentum est: principes pro victoria pugnant, comites pro principe. Vgl. ferner die bei Jellinek a. a. O. S. 187 Anm. 3 Citierten.

Weiterhin ist zu berühren die Bedeutung des mundium in der Zeit der Selbsthilfe, die Stellung des Freigelassenen zu seinem Schutzherrn, diejenige des Königs oder, besser gesagt, seiner Organe gegenüber den einzelnen Geistlichen, Frauen, Unmündigen, Juden rc., welche unter den besonderen Königsschutz genommen sind. Daß ferner auch damals die gegenseitige Nothilfepflicht der Kriegskameraden bestand, ist selbstverständlich. Ed. Roth. 7: Si quis contra inimicûs pugnando collegam suum dimiserit, aut astalin fecerit, id est, si eum deceperit, et cum eum non laboraverit, animae suae incurrat periculum. Daß auch ohne Rücksicht auf Gefolgswesen bei den Germanen ungefähr das galt, was in l. 3 § 22 Dig. 49, 16 steht, ist selbstverständlich.

Von vertragsmäßiger Nothilfepflicht ist die schärfste Form die im Norden üblich gewesene Blutsbrüderschaft von Nichtverwandten (Brunner I, 94).

III. Notwehr in Bezug auf Güter.

1. In Bezug auf körperliche Güter im allgemeinen. Das Notwehrrecht zu Gunsten der Person ist konstant, dasjenige in Bezug auf eigene Güter (crescentem sequitur cura pecuniam, Horaz) vermehrt oder vermindert sich quantitativ mit der Zunahme oder Abnahme des Vermögens, und kann schon insofern nicht bei allen Menschen die gleiche Ausdehnung erlangen, als sogar rechtlich nicht alle Menschen aller Güter teilhaftig werden können.

Wem übrigens ein rechtswidrig angegriffenes Gut gehört, ist für das Notwehrrecht völlig gleichgültig. In Rücksicht auf Sachen, welche als allen gemeinschaftlich außerhalb des Verkehrs stehen (res communes omnium), giebt es keinen widerrechtlichen Angriff, somit kein Notwehrrecht. Steht

eine Sache aus sonstigem Grunde in niemandes Eigentum, so
streitet heutzutage für eine Notverteidigung derselben die Ver=
mutung, es liege entschuldigte Putativ=Nothilfe vor, denn in un=
serer Zeit, im Gegensatz zu der der Volksrechte, kann man nicht
annehmen, daß eine Sache, welche (s. a. u. Z. 3) den Gegenstand
einer Verteidigung bilden kann, eine res nullius sei. [1]

Bezüglich der Güternotwehr mögen aus den Volksrechten
folgende Stellen hier Platz finden: L. Rib. LXXVII: „Si quis
hominem super rebus suis comprehenderit . . .“ L. Alam.
Lantfridana XCVIII, oben Seite 7. L. Burg. XVIII, oben
Seite 19. L. Baiuw. tit. IX cap. 5, L. Angl. et Werin. 39, L.
Wis. lib. VII, tit. II, XV und XVI, lib. VIII, tit. I, XIII,
lib. VI, tit. V, XIX, L. Fris. V, Ed. Roth. 32. L. Burg.
XXVII, VI. Auch L. Wis. lib. VII, tit. II, XV: Fur, qui
per diem se gladio defensare voluerit, si fuerit occisus, mors
eius nullatenus requiratur, ist — auch im Zusammenhalt mit
S. 34e von Interesse — hier anzuführen.

Ferner, um auch Notwehr bezüglich fremder Güter aus den
Quellen zu belegen:

L. Fris. V: De hominibus, qui sine compositione occidi
possunt. — Campionem, et eum, qui in praelio fuerit occisus,
et adulterum, et furem, si in fossa, qua domum alterius effo-
dere conatur, fuerit repertus, et eum, qui domum alterius in-
cendere volens, facem manu tenet, ita ut ignis tectum vel
parietem domus tangat: qui fanum effregit, et infans ab utero
sublatus, et enecatus a matre. — Wenn L. Alam. Lantfr. XCVIII
unter den fremden Rechten, die bußlos verteidigt werden dürfen,
nur diejenigen der Kirche anführt, so beweist dies nur, daß bei
der Abfassung des Gesetzes ein Priester von Einfluß war, welcher
nicht verfehlen wollte, hier der Kirche ein Bollwerk zu schaffen.
Gewiß bedeutet die Bestimmung nur eine Hervorhebung, kein
Privilegium.

Vgl. ferner L. Wis. lib. VIII, tit. I, XIII: Qui aliena
diripit, si in ipsa direptione percussus aut occisus fuerit, ille
qui percussit, nullam calumpniam patiatur.

Bekanntlich gab und giebt es viele Fälle von amtlicher Verpflichtung zur Verteidigung fremder Sachen. L. Burg. tit. XXVII, IX: Si quis vineam fructum habentem noctu ingressus fuerit, et a custode vineae intra vineam fuerit interemptus, ab occisi domino aut parentibus non requiratur.

Ganz zweifelsohne bestand z. B. für den Soldaten auch dieselbe Notwehrpflicht zu Gunsten der Feldzeichen (Tacitus, Germania cap. 7), wie heutzutage (vgl. oben S. 37 Anm. 1 Abs. 2).

2. Auf die Frage, ob bezw. inwieweit Notwehr auch zum Schutz unkörperlicher Güter (von Arbeitsleistungen, Erfindungen und überhaupt geistiger Produktion, Kundschaft, Firma — Forderungsrechten — Ehre — allgemeinen Gütern) denkbar bezw. gestattet ist, bezw. war, kann hier nicht im einzelnen eingegangen werden. Die Volksrechte haben oben einige Belege ergeben (bezüglich Freiheit, Ehre, Hausfrieden).

Übrigens mahnt an die Relativität innerhalb des Begriffs der allgemeinen Rechtsgüter die Thatsache, daß die Germanen ihre angestammte Religion nach den Volksrechten nicht mehr dazu rechnen durften.

3. Es frägt sich noch, ob auch zur Verteidigung geringwertiger Güter vis atrox zulässig ist, bezw. in den Volksrechten zulässig war. Der drohende Schaden und die Abwehr brauchen nicht verhältnismäßig zu sein; der Angreifer befindet sich nicht in der angenehmen Lage der Partei in unserem Civilprozeß, welche die vorläufige Vollstreckung des Urteils dadurch abwendet, daß sie den ihr drohenden Verlust als unersetzlich glaubhaft macht. Alles derartige ist durch die Natur der Sachlage ausgeschlossen. Dem Verteidiger wäre es in vielen Fällen ohne die Kunst des Gedankenlesens ganz unmöglich, die Verhältnismäßigkeit zu prüfen, und selbst mit jener könnte er die Folgen des Schadens, den er mit seiner Verteidigung anrichtet, gar nicht voraussehen.

Aber das kann der Verteidiger prüfen, ob der drohende Schaden für ihn bezw. für Andere mittelbar oder unmittelbar empfindlich ist. Es widerspricht nicht formell dem geltenden Recht, wenn man Notwehr zuläßt, z. B. gegen den Versuch einer Beschädigung von

Pfandzeichen, deren Weiterexistenz das Weiterbestehen des Pfand-
rechts nicht bedingt, oder gegen das Abreißen eines Blattes von
einem Baum, oder gegen die Beschädigung einer Vogelscheuche;
aber wer von dem Postulat der Empfindlichkeit des Schadens
absieht, der weiß nicht, was Not heißt. „Ernst ist der Anblick
der Notwendigkeit." Gewiß dachten unsere Vorfahren über das
summum ius anders; man erinnere sich, daß das Schüttungsrecht nicht eintrat, wenn ein unbestellter Acker betreten war. Trat
kein Schüttungsrecht ein, dann in diesem Fall auch kein Notwehrrecht, das man heute für ihn nach § 53 konstruieren könnte.

Da der Wortlaut unseres § 53 nur vom Angriff auf Personen handelt, hier aber stets ein empfindlicher Schaden droht,
so sollten Litteratur und Praxis, wenn sie schon, der Notwendigkeit folgend, die Notwehr Sachgüter betreffend völlig frei in das
Gesetz hineininterpretieren, doch im Sinn des Wortlauts auch für
diese Notwehr die Empfindlichkeit des Schadens verlangen. Dieses
Postulat ließe sich, wenn man an das über den entschuldbaren
Irrtum Gesagte denkt, leicht und gerecht durchführen.

— Bei der Untersuchung, was des Notwehrrechtes Objekt
sein könne, finden wir häufig, sogar meistens, ein ideelles Zusammentreffen von Notwehrbeziehungen, was nicht nur thatsächlich,
sondern auch rechtlich von Interesse ist.

Notwehr kann uno actu ausgeübt werden zu Gunsten der
eigenen Person und fremder Personen, zu Gunsten verschiedener
fremder Personen, der eigenen Person und eigener Sachen, der
eigenen Person und fremder Sachen, der eigenen Sache und
fremder Person, fremder Sachen und fremder Person, eigener
und fremder oder verschiedener fremder Sachen gleichzeitig.

Notwehr zu Gunsten von incertae personae oder res kommt
insbesondere in Betracht bei der Abwehr gemeingefährlicher Delikte.

Besonders wichtig ist die gleichzeitige Verteidigung eigenen
und fremden Vermögens. Eine solche liegt beispielsweise vor,
wenn meine Sache eine fremde körperlich umschließt, oder wenn
ich verteidige, was Fremdes ich zu meinem Nutzen oder woran
ich einen ideellen Anteil habe. Nothilfe gegen einen Brandstifter

kann leicht auch offensive Notwehr zu Gunsten eigener Sachen sein, nam tua res agitur, paries cum proximus ardet (Horaz). — Manchen einschlägigen Fall gab es in der Zeit der Volksrechte, den es heute nicht mehr giebt. So der Streit zweier Sippen um die Grenzen ihrer Feldmark, der gelegentlich in den Quellen erwähnt wird, oder der Fall, daß ein Wald, welcher einer An= zahl von Hofbesitzern bezw. den Bewohnern eines Dorfes als der ihrige gilt, eben böswillig in Brand gesteckt wird. Wer von den Berechtigten hier eingreift, verteidigt (nicht das Recht einer Kor= poration, sondern) seine eigenen Rechte und gleichzeitig diejenigen vieler Einzelner. —

Daß man z. B. ein Interesse daran hat, Pfand= und Re= tentionsgegenstände zu verteidigen, leuchtet sofort ein; daß dies aber auch bezüglich bloß deponierter Sachen für den Depositar der Fall sein kann, daran erinnert 2. Mose 22, 7 u. 8. Zu be= achten ist übrigens, daß nach den Volksrechten der Depositar, der Commobatar, der Pfandgläubiger viel strenger haften als etwa im römischen Recht. Vgl. A. B. Schmidt in den Unter= suchungen Gierkes, Heft 18, S. 22 ff.

Ein Zusammentreffen der geschilderten Art liegt auch vor, wenn ich jemandem gegen meinen eigenen Sklaven zu Hilfe komme. Ich diene damit meinem wie des Angegriffenen Interesse, da ich für meine Sklaven — wenn sie nicht bei einem Anderen de= poniert ꝛc. (s. u., und L. Rib. LXXII, 4) oder fugitivi sind (L. Burg. VI, 2) — hafte. Oft wird der Herr diese Nothilfe sehr gründlich besorgt haben, denn in sehr vielen Fällen trifft den Sklaven ohnedem die Todesstrafe, woneben der Herr trotzdem noch Schadenersatz leisten muß (L. Burg. Gund. IV, 2, L. Baiuw. II, 5), den er durch rasche, gründliche Nothilfe möglichst im Anwachsen hemmt. Ob er gerade ausnahmsweise nicht haftet, weil der Sklave von einem dritten, nun seinerseits haftenden, Menschen gedungen oder sonst angestiftet worden ist (L. Baiuwar. IX, 6), kann der Herr im Augenblick nicht wissen.

Bringt dagegen der Herr dem Depositar und Commobatar Nothilfe gegen den deponierten ꝛc. Sklaven, so liegt, weil der

Herr dem Depositar von Rechts wegen für solchen Schaden nicht haftet — „weil er (der Depositar) sich den Schaden eigentlich selbst hätte vergelten müssen", A. B. Schmidt a. a. O. S. 56, L. Fris. add. X, 2 — ein solches Zusammentreffen nicht vor. Ebenso liegt das Verhältnis des Herrn zu demjenigen, welcher ihm seinen Sklaven ꝛc. eigenmächtig gepfändet hat (L. Alam. 89, 1), und, nach Ed. Roth. 252, zu dem rechtmäßigen Pfandgläubiger vom 21. Tage der Nichteinlösung an. Sonst besteht beim Ver= pfänder der Fall jenes Zusammentreffens.

Besonders wichtig ist die Verteidigung fremder Güter in Notwehr behufs Abwehr eigenen Vermögensschadens dann, wenn es sich um Abwehr eigener Haftung handelt. Wann solche ein= treten würde, darüber ist das Civilrecht zu vergleichen; die ein= schlägigen Fälle sind zahlreicher, als man auf den ersten Blick wohl meint.

Das juristisch Bedeutsame all dieser Fälle beginnt erst dann, wenn die Lage des so zur Nothilfe Berechtigten mit der= jenigen des Nebenintervenienten im Sinne unseres Civilprozeß= rechts materiell übereinstimmt: Wenn das Verhalten des Haupt= angegriffenen ihn an der offensiven oder defensiven Verteidigung der Sache verhindert, auf welche die Haftung sich bezieht, so ist damit der Fall nicht für ihn erledigt; eventuell erwächst ihm dadurch ein Notwehrrecht gegen Beide, er wird sozusagen zum Hauptintervenienten. Auch wenn die Hauptpartei absichtlich oder durch grobe Fahrlässigkeit ihr zu Gebot stehende Angriffs= oder Verteidigungsmittel unbenützt läßt, ist die Sache damit für ihn nicht erledigt: Eventuell ist (erst) dadurch das Postulat „erforder= lich" für ihn eingetreten, das ihm ein eigenes Notwehrrecht giebt.

Für denjenigen, bei welchem die Sache so liegt, wie im vorhergehenden Absatz angegeben, bedeutet die Notlage, wenn er sie sieht, und einzugreifen in der Lage ist, oft sozusagen die Litis= benunziation mit ihren für die Frage des Schadensersatzes so wichtigen Wirkungen.

C. Anhang.

§ 13. Einfluß des Standes auf das Recht der Notwehr.

A. Innerhalb der Freigeborenen kommen die Unterschiede des Geburtsstandes (von der Notwehr gegen Beamte wurde oben gesprochen) eigentlich hier nicht in Betracht. Wer in Notwehr getötet wird, muß nicht vergolten werden, mag sein Wergeld ein höheres oder das gewöhnliche sein. Nur das ist zu bedenken, daß, wer ein höheres Wergeld hatte, weniger leicht in Notwehr- lage kam, weil sich mancher eher von rechtswidrigen Angriffen auf ihn abhalten ließ. Die salischen Franken, der erobernde Stamm, waren durch das höchste Wergeld geschützt, dann kamen die anderen germanischen Stämme, schließlich die Liten.

Zu einem Zweifel daran, daß das Notwehrrecht auch dem Fürsten gegenüber bestand, sofern nicht die weiten Amtsbefugnisse desselben in Frage kamen, bietet sich trotz der besonders feier- lichen Sprache von tit. II, 2 L. Baiuw. kein Anlaß.

B. In Bezug auf Unfreie oder nicht vollständig Freie gilt Folgendes:

I. Unfreie.

1. Notwehr der Unfreien selbst.

a) Zu Gunsten ihrer Person

α) gegenüber vom Eigentümer war ursprünglich das Not- wehrrecht der Sklaven ausgeschlossen, weil der Herr das unbe- schränkte Recht über Leben und Tod (Tacitus, Germ. cap. 25) hatte. So schroff ist aber der Zustand in den Volksrechten nicht mehr. Vgl. L. Wis. lib. VI, tit. V, XII: Ne domini extra cul- pam servos suos occidant: et si ingenuus occidat ingenuum. — ... Ideoque, quia saepe praesumptione crudelium domi-

norum extra discussionem publicam servorum animae peri-
muntur, extirpari decet hanc omnino licentiam, et huius legis
ab omnibus perenniter adimpleri censuram: scilicet ut nullus
dominorum vel dominarum, servorum suorum vel ancillarum,
seu quarumcunque personarum, extra publicum iudicium quan-
doquidem occisor existat . . . Vgl. ferner eod. XIII. Die
Unfreien haben also das Recht der Notwehr auch gegenüber von
zu weit gehenden Angriffen ihres Herrn, die jetzt rechtswidrig sind
(aber natürlich, beispielsweise, nicht zu Gunsten ihrer Freiheit).

β) Um so mehr haben sie ein Notwehrrecht gegenüber dem
Nichteigentümer. Vgl. L. Wis. lib. VI, tit. V, VII: Si servus ingenuo fecerit contumeliam. — Quamvis idoneus servus
personae nobili et illustri nullatenus indebite contumeliosus
aut seditiosus praesumat existere. Quod si fecerit, . . . addi-
cetur. Certe si eadem persona, ut sibi fieret contumelia, servum prius excitaverit alienum, suae negligentiae imputet,
quod oblitus honestatis et patientiae, quod merebatur, a servo
excepit.

b) Zu Gunsten freier Personen dagegen hat bei den
Germanen (opp. l. 1 §: 28 Dig. 29, 5) der Sklave kein Notwehrrecht, nicht einmal zu Gunsten seines Herrn. Zwar wird er nicht
bestraft, wenn er auf diese Weise jemanden verletzt, aber sein Herr
muß einen Solidus dafür bezahlen, wie er dies thun muß, wenn
sein (des Herrn) Hund den Schaden anrichtet. Ein Sklave steht
zu tief, als daß sein wehrfähiger Herr seine Einmischung auch
nur dulden dürfte. Das ist, was man einmal den altdeutschen
Charakterzug des Stolzes genannt hat, „der auf der einen Seite
leicht in Härte ausartete, auf der andern aber zur Schmerzver-
achtung und zum Heldentum führte." Vgl. L. Burg. tit. V, VI:
Si vero dominus servi cum alio se caedit, et servus, dum
dominum adiuvare vult, illum percusserit, pro ictu servi dominus I. sol. satisfaciat. Bei L. Wis. lib. III, tit. IV, VI ist
ein besonderer Gesichtspunkt ausschlaggebend.

c) Zu Gunsten unfreier Personen besteht deren Herrn
gegenüber erst, seitdem jene Milderung eintrat, ein Notwehrrecht.

Werden Sklaven eines und desselben Herrn von einem fremden Freien angegriffen, so liegt der Fall wohl nicht so, wie oben, wo zwei Freie kämpften, sondern der Sklave hat das Recht (s. a, β) und die Pflicht, seine Mitsklaven, das Eigentum seines Herrn, zu verteidigen. — Um so mehr natürlich gegen den Angriff eines Unfreien.

d) Über die Notwehr zu Gunsten von Rechten freier Personen gilt das oben Gesagte. Daß die L. Wis. lib. III tit. IV, VI keinen Notwehrfall darbietet, wurde oben angedeutet.

e) Notwehr zu Gunsten von eigenen Rechten oder solchen von anderen Unfreien ist deshalb undenkbar, weil Sklaven unfähig sind, Vermögen zu haben oder zu erwerben; sie erwerben bekanntlich nur ihrem Herrn.

2. Notwehr Freier zu Gunsten von Unfreien.

a) Zu Gunsten der Person

α) eigener Unfreier. Diese verteidigt man mit demselben Recht, mit welchem man jede eigene Sache verteidigt. (Für Rechtsvergleichung böte sich z. B. Sirach 33, 31.)

β) fremder Unfreier gegen Angriffe Freier. Gegen Angriffe des eigenen Herrn s. o. — Auch gegen Angriffe freier Nichteigentümer ist Notwehr erlaubt, fällt aber nicht unter den Begriff der Notwehr zu Gunsten der Person, sondern unter denjenigen der Notwehr zu Gunsten von Vermögen des Herrn.

b) Zu Gunsten des Vermögens Unfreier. Diese Rubrik kommt in Wegfall.

3. Notwehr Freier gegenüber von Unfreien.

a) Verteidigung der eigenen Person gegen Unfreie ist selbstverständlich erlaubt wie gegen Freie. Aber es ist doch interessant, diesen Fall näher zu betrachten.

Der Sklave, der ja von vornherein außerhalb der Rechtsgemeinschaft steht, kann nicht frieblos werden (Brunner I, 97). Er wird sogar nicht einmal als Mensch, sondern als eine im Eigentum des Herrn stehende Sache angesehen, wie er ja auch kein Wergeld, sondern nur einen Sachwert hat. Vgl. L. Fris. VI, 1; I, 11. Greift ein fremder Sklave einen Freien an, so liegt (s. u.)

in der früheren Zeit der Fall gerade so, wie wenn ein Tier den Angriff machte. Die Notwehr erweist sich in diesem Fall als berechtigte Sachbeschädigung, wie indirekt L. Sal. XXXVII, 8 zeigt: Si servus hominem ingenuum occiderit, ipse homicida pro medietate conpositionis homini occiso parentibus tradatur, et aliam medietatem dominus servi se noverit soliturum; aut si legem intellexerit, poterit se obmallare ut leudem non solvat. Wenn ich den mich angreifenden Sklaven töte, so erspare ich dem Eigentümer desselben die Herausgabe jenes und obendrein die halbe compositio, muß also für die von mir begangene Sach= beschädigung keinesfalls etwas zahlen. — Wie lächerlich genau der Sklave dem Vieh gleichgestellt ist, ergiebt sich aus der Ver= gleichung der zuletzt citierten Stelle mit L. Sal. XXXVIII De quadrupedibus si hominem occiderint. — Si quis homo a quolibet pecude domestico fuerit occisus et haec parentes illius potuerint testibus comprobare, quod dominus pecudis antea legem non adimpleret, medietatem conpositionis dominus ipsius quadrupedis cogatur exsolvere; ipsum vero quadru= pedem, qui est auctor criminis, pro medietate conpositionis restituat requirenti, eo videlicet modo si dominus quadru= pedis non intellexerit secundum legem se defendere. Vgl. hiezu auch die, eine Notwehr gegen Tiere andeutende, L. Burg. LVIII De cane occiso. —

Doch milderte sich später jener Zustand, welcher für den Eigen= tümer des Sklaven bedenklich war. Es wurde endlich zwischen Tier und Mensch ein gewisser Unterschied gemacht, so daß bei solchen Handlungen des Sklaven, welchen der Herr machtlos gegenüberstand, nur den Sklaven die Strafe trifft, der Herr also für Verletzungen durch denselben über den Wert des Sklaven hinaus nicht zu belangen ist. Vgl. hierüber den Schlußsatz der oben citierten L. Sal. XXXVII, 8.

b) Natürlich ist auch die Verteidigung eigenen Vermögens in Notwehr gegen Unfreie erlaubt. Nachdem aber der eben erörterte Zustand sich Bahn gebrochen hatte, wird man bei Verteidigung von Sachen den Sklaven oft lieber nicht beschädigt haben, denn man hätte sich, wenn man ihn tötet, um die noxae datio, also um den gesamten Schadensersatz gebracht.

c) Notwehr gegen Unfreie zu Gunsten fremder Personen und fremder Rechte ist selbstverständlich erlaubt wie gegen Freie. Es besteht sogar für diejenigen, welche als Eigentümer, Depositare, Commodatare, Pfandgläubiger für die Delikte der Sklaven haften, eine gewisse Notwendigkeit dazu, s. oben und Ed. Roth. 249, L. Rib. XLI, 3.

II. Freigelassene.

Die Verschiedenheit ihrer Stellung von derjenigen der Sklaven und damit auch die Ausdehnung ihres Notwehrrechts ergiebt sich aus Folgendem:

1. Wenn Freigelassene minderen Rechts eine strafbare Handlung begehen, so haftet grundsätzlich der Herr. Sie sind durch ein Wergeld geschützt, und können Rechte haben. Will ihnen der Herr die etwa angemaßte Freizügigkeit gewaltsam verwehren, so haben sie hiegegen kein Notwehrrecht.

2. Freigelassenen höherer Ordnung fehlt der Sippefrieden. Sie haben einen Schutzherrn, selbstverständlich auch Wergeld und Rechtsfähigkeit.

Über beide Arten vgl. Brunner I, 98 f.

III. Von sklavenähnlichen Zuständen wie demjenigen des römischen auctoratus oder des captivus in Tacitus, Germ. cap. 10 am E., die für Notwehr= wie Nothilferecht gleich interessant wären, zu handeln, bietet die Zeit der Volksrechte keinen Anlaß.

IV. Die Liten oder Albien (Brunner I, 102) bildeten einen erblichen Stand, dessen Stellung durch das Volksrecht geschützt war. Sie besaßen die Fähigkeit, Vermögen zu erwerben, hatten das Fehderecht und Wergeld. — Dagegen sind sie im Langobardischen Recht schlechter gestellt: der Herr haftet für ihre Vergehen, und was ihre Vermögensfähigkeit betrifft, so konnte, wie Brunner I, 103 Anm. 47 citiert, noch ein Commentator der Lombarda von den Albien sagen: Hi pro servis habentur fere, quod nihil suum habent, dominus vero omnia habet et viventibus et morientibus eis.

Somit stehen die Liten in Bezug auf das Recht der Not=
wehr ebenso da wie Freie, mit Ausnahme der langobardischen,
bei welchen die Notwehr zu Gunsten eigener Rechte in Wegfall
kommt.

V. Die römischen Kolonen (tributarii) — B r u n n e r I,
240 f. — stehen den Liten bezüglich des Notwehrrechtes gleich.

––––––––

Es ergiebt sich, daß das Notwehrrecht der Volksrechte im
allgemeinen ganz dasselbe ist wie unser heutiges, auf dem Reichs=
strafgesetzbuch beruhendes, — die Unterschiede gegenüber dem
heutigen Recht, welche unter dem Kapitel „widerrechtlich" und
dann infolge der Ständegliederung sich ergaben, sind nicht prin=
zipieller Natur; mindestens auf das Notwehrrecht trifft nicht zu,
was man den Germanen im allgemeinen nachsagt: Sie haben
bei der Beurteilung einer That nur auf den Erfolg gesehen.

Verzeichnis
der aus den Volksrechten herangezogenen Stellen.
